AF290770

Bibliografische Information der Deutschen Nationalbibliothek:

Die Deutsche Nationalbibliothek verzeichnet diese Publikation in der Deutschen Nationalbibliografie; detaillierte bibliografische Daten sind im Internet über http://dnb.d-nb.de abrufbar.

Impressum:

Copyright © 2017 Studylab

Ein Imprint der GRIN Verlag, Open Publishing GmbH

Druck und Bindung: Books on Demand GmbH, Norderstedt, Germany

Coverbild: GRIN | Freepik.com | Flaticon.com | ei8htz

Dr. med. Flavio Daniele Sepulcri

Der suizidale Patient als Herausforderung für den Arzt

Eine kritische Reflexion im Lichte der existentialistischen Philosophien von Karl Jaspers, Albert Camus und Jean Améry

Inhaltsverzeichnis

1 EINLEITUNG

Die Bedeutung und anhaltende Aktualität des komplexen *Phänomens Suizid* sowie seine gesellschaftliche Relevanz geht aus unzähligen statistischen Untersuchungen hervor. Wie eine kurze Darstellung der Betrachtungsweise und Problematik des Suizids in der Philosophiegeschichte belegen wird, kann man beim Phänomen Suizid kulturgeschichtlich durchaus von einer anthropologischen Konstante sprechen.

Statistisch betrachtet nehmen sich in der Schweiz jährlich etwa 1'000 Männer und 350 Frauen das Leben, 10 % davon sind assistierte Suizide. Vorsichtig geschätzt, versuchen sich pro Jahr mehr als 20'000 Menschen zu töten (vgl. Eichhorn 2006:142). Laut neusten Zahlen des Bundesamtes für Statistik der Schweiz von 2009 (Schweiz. Eidg. 2012) enthalten die Todesursachenmeldungen beim Suizid in 53% der Fälle keine Angaben zu den Begleitkrankheiten. Wenn eine Angabe vorliegt, weisen 56% der Nennungen auf eine Depression hin. Bei den übrigen 44% wird eine körperliche Krankheit genannt. Bei Fällen mit assistiertem Suizid findet sich bezüglich körperlicher Krankheiten ein ähnliches Spektrum wie beim nicht assistierten Suizid. Seit 2003 ist die Anzahl der Suizide in der Schweiz etwa konstant, während die Fälle von Sterbehilfe kontinuierlich zunehmen. 2009 ist ein Fall von Sterbehilfe auf vier Fälle von Suizid zu beobachten. Soviel zu den wichtigsten statistischen Daten, auf die hier nicht weiter eingegangen werden soll.

Mein Interesse an der Thematik des Suizides wurzelt in meiner Profession als Mediziner, die mich in meiner nun fast 35 jährigen Praxiserfahrung wiederholt mit dem Phänomen konfrontiert hat. Besonders während meiner über 20 jährigen Tätigkeit als Amtsarzt der Stadt Luzern, die auch die Durchführung von amtlichen Leichenschauen beinhaltete bin ich in drei bis vier Dutzend Fällen Leichen von Menschen begegnet, die ihr Leben durch einen Suizid beendeten. Unter diesen waren mehrere mit der Beihilfe einer der bekannten Sterbehilfeorganisationen (Exit, Dignitas) durchführt worden. Auch wenn ein Abschiedsbrief vorlag, der technische Vollzug des Suizides abgeklärt, ergänzende Hintergrundinformationen bei Partnern, Verwandten und Hausarzt eingeholt und die Leiche von der Staatsanwaltschaft zur Bestattung freigegeben war, blieb die Frage nach dem eigentlichen Motiv des Suizides oft im Dunkeln verborgen. Bei vielen Suizidfällen lag keine terminale, ein Weiterleben auf unzumutbare Weise einschränkende organische Erkrankung, wie ein fortgeschrittenes Tumorleiden oder eine langjährige psychiatrische Erkrankung, z.B. eine Psychose, vor. Nicht selten handelte es sich um sozial und beruflich engagierte, mitten im Leben stehende Menschen, was die Frage nach dem wirklichen Motiv noch bohrender machte.

Was kann einen Menschen soweit bringen sich umzubringen, was drängt ihn sein Leben vorzeitig und oft mit brutaler Gewalt zu beenden? Diese Fragen stossen an die Grenzen der an einer Krankheitsthese bzw. Krankheitsursache interessierten Wissenschaften. Auf der Suche nach umfassenderen Antworten drängen sie weit über diese hinaus.

Die empirischen Wissenschaften, die Medizin, insbesondere die Psychiatrie, Psychologie und Soziologie, trieben in den letzten hundert Jahren die wissenschaftliche Erforschung des Suizids stark voran und haben ein eigenes Forschungsfeld, die Suizidologie, erschaffen. Der Suizid ist damit längst bei den Wissenschaften angekommen und als ein wissenschaftliches Problem unbestritten. Wie Wittwer schreibt (vgl. Wittwer 2003:17), beherrschen diese Fachwissenschaften den gesellschaftlichen Diskurs um den Suizid und prägen damit ihre Meinungen über ihn. Auf ihren Erkenntnissen aufbauend, konnte sich auch eine fundierte Suizidprävention bzw. eine Postintervention entwickeln. Dank statistischen Untersuchungen haben wir viel über den Suizid gelernt, z. B. dass Arbeitslose und Unverheiratete im Vergleich mit Menschen mit einer Arbeit und/oder Verheirateten, sich häufiger umbringen. Auch die psychologische - psychiatrische Forschung konnte einen Zusammenhang zwischen Suizid, Depressionen und Psychosen finden, woraus sich im Einzelfall für die ärztliche Praxis Konsequenzen ergeben. Bei einer Metaanalyse empirischer Studien kommt Gores (vgl. Wittwer 2003:19) zum Schluss, dass der Anteil psychisch Kranker Suizidenten zwischen 6% und 90% schwankte, was auch von anderen Autoren bestätigt wird. Allerdings muss berücksichtigt werden, dass Studien, die lediglich auf Praxis- und Klinikakten aufbauen, nicht repräsentativ für *alle* Suizidenten sein können. Dass der Suizid als vielschichtiges Phänomen von den empirischen Wissenschaften nicht umfassend erforscht und nicht befriedigend verstanden werden kann, geht aus dem ihnen inhärenten Mangel hervor, geht ihnen doch das genuin Humane und Subjektive, die eigentliche Dimension der *Condition humaine* abhanden, ohne die man *dem* Menschen kaum in einer umfassenden Weise gerecht wird.

Auch nach 3000 Jahren Kulturgeschichte haftet dem Suizid, der Möglichkeit des Menschen sich selbst zu töten, etwas Ominöses, Fragwürdiges und Zweifelhaftes an. Der Suizid ist auch im 21. Jahrhundert weitgehend ein Tabu, wenn auch die aktuelle, in den Medien teilweise sehr heftig geführte Kontroverse um ein selbstbestimmtes Lebensende, ihn ins Bewusstsein einer breiten Öffentlichkeit gezerrt hat. Dass Menschen den Tod, das Ende ihres Lebens mit eigener Hand in allen Epochen gesucht und gefunden haben, mit welchen Motivationen auch immer, bezeugt und belegt eingehend unsere westliche Sittengeschichte. Der Diskurs um die komplexe Problematik des Suizids reicht weit zurück bis in die Antike und setzt sich fort, bis in die unmittelbare Gegenwart.

Für das Individuum ist mit dem Thema Suizid untrennbar das Thema Leben, mit all seinen weit reichenden Implikationen verschränkt. Bekanntlich ist der Mensch das einzige Tier, das sein Leben bewusst beenden kann. Mit diesem Schritt, warum auch immer, fällt er einen moralischen Entscheid, mag dieser in seiner komplexen Konsequenz noch so umstritten sein.

Damit sind wir schliesslich bei der Philosophie angelangt. Man kann sich nun fragen, inwieweit die Philosophie zur Frage des Suizides einen eigenständigen Beitrag leisten kann. Dass diese Antwort völlig anders ausfallen muss als bei einem empirischen Forschungsansatz, erscheint nur konsequent. „In statistischer Hinsicht wissen wir heute alles über den Selbstmord, aber was das Grundproblem angeht, ist man heute kaum weitergekommen und wird auch nicht weiterkommen, solange stillschweigend die Gewissheit herrscht, dass das Leben um jeden Preis besser ist als der Tod." (Minois 1996:472). Für eine explizit philosophische Fragestellung ist es also schlussendlich unerheblich, warum sich ein Mensch umbringt, z.B. aus Liebeskummer oder weil er unheilbar krank ist, sondern es geht in der Philosophie um die vernünftigen und moralischen Gründe, die für oder gegen den Suizid sprechen.

Das primäre Ziel meiner Arbeit ist es den Suizid aus einer philosophisch spezifisch existentialistischen Perspektive zu reflektieren. Vorerst (2.) und auf die Thematik einleitend geht es mir um die Profession des Arztes, um seinen gesellschaftlichen Auftrag, seine Position gegenüber seinen Patienten, um seine Pflichten und Unterlassungen. Zudem soll der Ermessensspielraum, der dem Arzt im Zusammenhang mit suizidalen Patienten von der Gesetzeslage in der Schweiz vorgegeben ist, thematisiert werden.

Das Töten der eigenen Person spiegelt sich in einer sehr unterschiedlichen, in der Literatur nicht konsequent gehandhabten Terminologie wieder, so dass eine Klärung der Begriffe Selbstmord, Freitod, Suizid und Selbsttötung vorgenommen werden soll (3.). Ein kurzer Überblick der Geschichte des Suizides in der Philosophie (4.) geschieht in der Absicht, wichtige Positionen bedeutender Philosophen zu skizzieren, dies als Vorbereitung auf die Auseinandersetzung mit der existentialistischen Philosophie (5.) dreier bedeutender moderner Philosophen (5.1 Karl Jaspers, 5.2 Alfred Camus, 5.3 Jean Améry). Es soll versucht werden, ihre auf den Suizid fokussierte begrifflich spezifische existentialistische Perspektive zu beleuchten, speziell ihre Begründungen für und wider den Suizid herauszuarbeiten (6.). Schlussendlich und zusammenfassend, soweit in der Philosophie möglich und zulässig, sollen die drei Philosophien auf ihre potentielle Bedeutung für die ärztliche Praxis untersucht und ein möglicher therapeutischer Nutzen ihrer Erkenntnisse diskutiert werden (7).

2 DIE HERAUSFORDERUNG FÜR DEN ARZT

Wird der Arzt mit einem suizidalen Patienten konfrontiert, so besteht für ihn die grosse Herausforderung darin, dass er in einem Spannungsfeld sich widersprechender Interessen zu einer Entscheidungsfindung bzw. therapeutischen Handlung durchringen muss. Zudem steht er mit seiner Entscheidung unter zeitlichem Druck, was den Entscheidungsprozess zusätzlich erschweren kann. Der Interessenskonflikt ergibt sich aber primär aus dem Wunsch des Patienten, der gemeinhin mit den gesellschaftlichen Wertvorstellungen und Konventionen, den gegebenen Gesetzen, dem gesellschaftlichen Auftrag des Arztes und dessen Gewissen in Kollision geraten kann. Mit anderen Worten, in der Begegnung mit einem suizidalen Patienten wird der Arzt zu einer heiklen Güterabwägung herausgefordert, der er nach bestem Wissen und Gewissen nachzukommen verpflichtet ist. Einerseits steht er mit seinem Patienten in einem unbestrittenen Rechtsverhältnis, in dessen Ermessensspielraum er seinen therapeutischen Auftrag wahrnehmen muss, anderseits käme er aber seinem ärztlichen Auftrag nicht gebührend nach, würde er den Suizidwunsch seines Patienten grundsätzlich missachten. Auch ist die mögliche gegebene Situation grundverschieden, ist der Arzt mit einem akut Suizid gefährdeten Patienten konfrontiert, den er auch gegen seinen Willen, dies im Sinne eines fürsorglichen Freiheitsentzuges notfallmässig hospitalisieren wird, von der Situation eines wie auch immer chronisch kranken Patienten, der mit dem Wunsch nach einem begleiteten Suizid an ihn herantritt. Die letzte Situation bewahrt für den Arzt das ungleich grössere Konfliktpotential, fordert sie in ihrer irreversiblen Konsequenz ein differenziertes und diffiziles Abwägen aller angesprochenen Aspekte, was für ihn in einem Dilemma münden kann. Unter Ausschluss selbstsüchtiger Beweggründe lässt das Gesetz (vgl. Art.115, Schweiz. Strafgesetzbuch) die Beihilfe zum Suizid bei einem mündigen Patienten grundsätzlich straflos zu, kann aber den Arzt anderseits nicht davor entlasten, die dem Suizidwunsch zugrunde liegenden Krankheiten nach den Möglichkeiten seiner Kunst zu behandeln. Falls der Arzt jede Beihilfe zum Suizid nicht grundsätzlich ablehnt, was ihm als freier Gewissensentscheid immer zusteht, gerät er so nicht selten in einen schwer lösbaren Konflikt, ist doch die Beihilfe zum Suizid traditionell nicht eine primär ärztliche Aufgabe, andererseits ist die Achtung des autonomen Patientenwillens konstituierender Bestandteil der Arzt-Patient-Beziehung. Eine Hilfe für den Arzt bilden hier die berufsethischen Richtlinien der Schweiz. Akademie der Medizinischen Wissenschaften (SAMW 2005), die sich eines grundsätzlichen moralischen Urteils gegenüber der ärztlichen Beihilfe zum Suizid enthalten und explizit hervorheben, dass sie die zugunsten einer Beihilfe zum Suizid getroffenen Gewissensentscheide des Arztes anerkennt und respektiert.

3 SELBSTMORD, FREITOD, SUIZID UND SELBSTTÖTUNG

3.1 Eine Begriffsklärung

Im ganzen Tierreich ist der Mensch das einzige bekannte Lebewesen, das kraft seiner Reflexionsfähigkeit sich seiner begrenzten Lebensdauer bewusst ist und um die Möglichkeit weiss, sich selbst das Leben zu nehmen. In der philosophischen Debatte (vgl. Wittwer 2003:27) werden unterschiedliche Begriffe verwendet, um die Handlungen zu bezeichnen, durch die Menschen sich töten. Es stellt sich nun die Frage, wie dieses *sich selbst töten* begrifflich korrekt ausgedrückt werden kann. Meist unbedacht werden in der Alltagssprache verschiedene Begriffe für den selbst herbeigeführten Tod verwendet, die zudem häufig synonym verwendet werden. So spricht man im Deutschen von *Selbstmord, Freitod, Selbsttötung,* oder man braucht das Fremdwort *Suizid.* Die folgende Begriffsklärung wird zeigen, dass es von Bedeutung ist, für welchen Begriff man sich entscheidet. Die genannten Begriffe sind keine strengen Synonyma, weisen sie doch verschiedene Denotationen und Konnotationen auf, die im Gebrauch eines Begriffes eine bestimmte Sichtweise auf die Problematik dieser Todesart implizieren.

So unterstellt der Begriff *Selbstmord,* dass jemand, der sich das Leben genommen hat, ein Verbrechen begangen hat. Dies trifft jedoch weder im alltagssprachlichen, noch im rechtlichen Wortgebrauch zu. Im Schweizerischen Strafgesetzbuch (StGB) wird das Delikt Mord nicht direkt definiert. Es werden jedoch in Art. 111,112 und 113 des StGB die Tatbestände genannt, die bei diesem Delikt erfüllt sein müssen, nämlich jenen der Skrupellosigkeit und der Verwerflichkeit des Beweggrundes, im Zweck der Tat oder in der Art der Ausführung. Es stellt sich nun die Frage, die hier nicht weiter erörtert werden kann, wie ein Individuum diese Tatbestände gegen sich selber anwenden kann. Gemeinhin kann man sagen, dass der Begriff Mord etwas moralisch Abwertendes und auch Widersinniges beinhaltet (vgl. Wittwer 2009:85). Unter einem Mord versteht man gemeinhin eine heimtückische Tötung eines Menschen gegen seinen Willen. Daraus geht hervor, dass niemand sich selbst ermorden kann, weil sich niemand zu sich selber heimtückisch verhalten kann und weil jemand, der sich töten will, auch sterben will.

Dem Begriff *Freitod* haftet etwas Beschönigendes und Irreführendes an, impliziert er doch, dass jemand die Selbsttötung selbstbestimmt, also selbstbewusst und aus freien Stücken begangen habe. Es stellt sich jedoch hier die Frage, wie frei der betroffene Mensch bei der Entscheidung gehandelt hat. Jede Selbsttötung bedeutet einen Entschluss, nämlich der, sein Leben zu beenden. Dieser Entschluss ist das Resultat eines verborgenen Entscheidungsprozesses, aus dem der Suizid hervorgeht. Inwieweit der Suizid eine freie Entscheidung, oder vielmehr Ausdruck von Not darstellt, bleibt somit fraglich. Von den empirischen Wissenschaften ist es bekannt, dass Selbsttötungshandlungen im Affekt oder unter starkem psychischem Druck begangen werden können. Dies lässt eine Freiheitsunterstellung, wie sie der Begriff Freitod suggeriert, zweifelhaft erscheinen und mag wohl auf einige Fälle zutreffen. Anders verhält es sich mit dem Begriff *Selbsttötung*. Moralisch wertneutral, kann er sowohl für freie als auch unter Zwang ausgeführte Handlungen verwendet werden.

Ein weiterer in der Wissenschaft gebräuchlicher Begriff ist der des *Suizides*. Dieser wurzelt sprachlich im lateinischen *sui caedere*, was mit *sich selbst töten* übersetzt werden kann. Dieser lateinische Begriff wird nicht nur mit ‚Selbsttötung‘, sondern auch mit ‚Selbstmord‘ in die deutsche Sprache übersetzt (An. d. Verf.: umstrittene Übersetzung des französischen *suicide* mit *Selbstmord* in der hier verwendeten Übersetzung des *Le mythe de Sisyphe*). Durch seinen fremdsprachlichen Verfremdungseffekt schafft der Begriff Suizid alltagssprachlich einen gewissen Abstand und wirkt im Vergleich zu den Begriffen Selbstmord und Freitod sachlich und wertfrei. Wittwer weist zudem auf die Etymologie des Wortes *Suizid* hin, welche für eine Übersetzung mit dem Wort Selbsttötung spricht (vgl. Wittwer 2003: 28-29). Es wurde erst im 17. Jahrhundert gebildet, dies in Anlehnung an ‚homicidium‘. Philologisch gab es weder im Altgriechischen noch im klassischen Latein ein vergleichbares Kompositum. Abgeleitet ist das Wort vom lateinischen Verb *caedere* bzw. *occidere*, das neutral als ‚töten‘ zu übersetzen ist. Der pejorativen deutschen Vokabel ‚morden‘ entspricht eher die lateinische Vokabel ‚necare‘.

4 DER SUIZID IN DER PHILOSOPHIEGESCHICHTE: Auswahl

4.1 ANTIKE: Platon, Aristoteles, Seneca (Stoa)

Während der ganzen Philosophiegeschichte, von der Antike und bis zum heutigen Tag, wurde das Thema Selbsttötung immer wieder aufgegriffen und kontrovers diskutiert. Seit ihren Anfängen stand und steht im Mittelpunkt des philosophischen Diskurses um die Selbsttötung die Frage, ob es moralisch erlaubt ist, das eigene Leben durch einen Suizid zu beenden.

In der Antike bestritten einige Philosophen bzw. Schulen ein Recht auf Selbsttötung (Pythagoreer, Platon, Aristoteles), andere wiederum verteidigten es (Epikureer, Stoiker, Kyniker) und sie zögerten auch nicht, ihre Theorien in die Tat umzusetzen. So ist es überliefert, dass sich beispielweise die Stoiker Zenon, Kleanthes und Seneca das Leben genommen haben (vgl. Wittwer 2003:299-301). *Platons* (428- 348 v.Ch.) Verwerfung der Selbsttötung wurzelt in einem religiösen, vorchristlichen Suizidverbot und beruft sich auf die Götterwelt der Antike, die über Leben und Tod herrschen. Diese Argumentation sticht in *Platons* Dialog *Phaidon* (Platon 2004:731-811) hervor, der bekanntlich die letzten Tage Sokrates schildert. Der im Gefängnis sitzende Sokrates beantwortet zu Beginn des Dialoges mit seinen Freunden die Frage des abwesenden Euenos, warum er im Gefängnis begonnen habe Gedichte zu schreiben. Im Anschluss lässt er Euenos durch Kebes ausrichten: "Dieses also, o Kebes, sage dem Euenos, und er solle wohlleben und, wenn er klug wäre, mir nachzukommen. Ich gehe aber, wie ihr seht, heute, denn die Athener befehlen es" (Platon 2004:735). An dieser Stelle thematisiert Sokrates die Frage des Suizids und könnte nach Wittwer (vgl.Wittwer 2003:313) dahin missverstanden werden, dass sein Freund Euenos, die Philosophen allgemein, sich töten sollten. Dann schränkt Sokrates ein: „Und solange wir leben, werden wir, wie sich zeigt, nur dann dem Erkennen am nächsten sein, wenn wir so viel wie möglich nichts mit dem Leibe zu schaffen noch gemein haben, was nicht höchst nötig ist, und wenn wir mit seiner Natur uns nicht anfüllen, sondern uns von ihm rein halten, bis der Gott uns selbst befreit" (Platon 2004:743). Sokrates meint also eine nur metaphorische Ablösung des Geistes vom Körper, es sei denn ein Wille des Gottes, wie ihm eben geschieht. Er weist hier darauf hin, dass der Philosoph, der reinen Erkenntnis wegen, gewissermassen den Einfluss des Körpers auf den Geist minimieren soll und meint nicht eine Aufforderung zur Selbsttötung, was er mit Nachdruck verneint: "Nur Gewalt wird er (der Philosoph - F.S) sich doch nicht selbst antun; denn dies, sagen sie (die Pythagoreer – F.S), sei nicht recht" (Platon:736). Mit zwei weiteren Bildern zeigt Sokrates, dass der Mensch nicht selbst über sein Leben verfügt und als Sklave dem Willen der Götter zu gehorchen hat. Er nennt ihn dunkel als in einer Festung eingeschlossen, aus der sich zu entfernen ihm nicht erlaubt ist: „Denn was darüber in den Geheimlehren gesagt wird, dass wir Menschen in einer Feste sind und man sich aus dieser nicht selbst losmachen und davongehen dürfe...dass die Götter unsere Hüter und wir Menschen eine von den Herden der Götter sind" (Platon 2004:737). Indirekt, in Form einer Frage an Kebes, verweist Sokrates auf ein explizites Suizidverbot: „Aus diese Weise nun wäre es also wohl nicht unvernünftig, dass man nicht eher sich selbst töten dürfe, bis der Gott irgend eine Notwenigkeit dazu verfügt hat, wie die uns gewordene" (Platon 2004:737). Es gibt nur eine Ausnahme für das Suizidverbot. Als Gefangener, als Eigentum der Götter ist es den Menschen nur mit ihrer Erlaubnis erlaubt und gegönnt, sich umzubringen. Allein die Götter haben das Recht, über Leben und Tod der Menschen zu verfügen. Ein Suizid als Ausdruck einer freien Entscheidung wird von Platon als Vergehen gegen die Götter, als unmoralisch verworfen. In seinem Spätwerk über die Gesetzte, den *Nomoi*, nimmt Platon im Vergleich zu Phaidon weiter differenzierende Positionen ein. Ohne auf das Werk weiter einzugehen, sollen hier lediglich einige der Deutungsperspektiven erwähnt werden (vgl. Decher 1999:16). So schreibt er, dass der Suizident sich gewaltsam seinem über ihn verhängten Todestag entziehe, dies ohne Beglaubigung durch einen Rechtsspruch der Polis, oder er suizidiere sich, ohne dass ein unentfliehbares Schicksal vorliege, aus Feigheit, oder um sich einer gerechten Strafe zu entziehen. Obwohl sie Sokrates Suizid akzeptiert, ist Platos Philosophie diesbezüglich sehr reserviert, wenn auch beispielweise unerträgliche Entwürdigungen, oder massive Schmerzen, ihn als Notlösung akzeptiert.

Deutlicher noch als bei Platon, fällt das abschlägige Urteil bei seinem Schüler *Aristoteles* (384-322 v.Ch.) aus. Seine *Nikomachische Ethik* stellt die Verantwortung, die das einzelne Glied für das Ganze der Polis trägt, ins Zentrum seiner Argumentation gegen die Selbsttötung (vgl. Bormuth 2008:25-26). Während bei Platon für die Beurteilung des Problems des Suizids die schicksalshafte Stellung des Menschen gegenüber den Göttern konstitutiv ist, spielt bei Aristoteles das Mythisch-Religiöse keine Rolle. Aristoteles argumentiert in seinem ethischen Hauptwerk jenseits jeder transzendenten Spekulation und ist ganz in der Immanenz des Gesetzes verankert. Mit seiner legalistischen Position wird er in der Geschichte der Philosophie zum Begründer der sozialethischen Argumentation gegen die Toleranz der Selbsttötung (vgl. Wittwer 2003:342). Wenn auch indirekt, verbietet das Gesetz die Selbsttötung, da sie ein Unrecht gegenüber der Polis und ihren Interessen sei. Der Suizidant begeht gegenüber sich selbst kein Unrecht, da er die Tat freiwillig auf sich nehme, diese sich gegen seine Person und nicht gegen andere Personen richte und nur er die Folgen zu tragen habe. Als Übergeordnete Instanz, die das Gedeihen des einzelnen Menschen von Geburt an fördert, erwarte die Gesellschaft, dass der einmal mündige Mensch seine Kräfte würdig für ihr Fortbestehen zur Verfügung stelle. Aristoteles rückt den Suizidanten in die Nähe des Kriminellen, der mit gutem Grund nach seiner asozialen Tat die Gesellschaft verlässt: „Wer aber viel Schlimmes getan hat, wird wegen seiner Schlechtigkeit gehasst, meidet das Leben und tötet sich selbst", zitiert Bormuth eine Passage aus der Nikomachischen Ethik (vgl. Bormuth 2008:26). Die Frage nach der Erlaubtheit der Selbsttötung rein rechtsphilosophisch, im Sinne des positiven Rechts behandelnd, darf man annehmen, dass bei Aristoteles rechtliche und moralische Gesichtspunkte weitgehend zusammenfallen (vgl. Wittwer 2003:343). In seiner Position rückt Aristoteles in seiner Stellungnahme zur Selbsttötung in die Nähe von Platon, kennt jedoch im Gegensatz zu ihm keine Ausnahmesituation, womit er praktisch für eine uneingeschränkte Verwerfung des Suizids steht.

Als dritten und letzten Philosophen der Antike einige Anmerkungen zu *Seneca* (ca.1-65 n.Ch), einem prominenten Vertreter der philosophischen Schule der *Stoa* (ca. 3.Jh. v.Chr. – 2.Jh. n.Ch.) aus der römischen Kaiserzeit, der sein Leben, wie viele Stoiker, bekanntlich mit einem Suizid beendete. Von bleibender Bedeutung der Stoa, der den eigentlichen Kern ihrer Gesamtlehre bildet, ist ihre Ethik (vgl. Kranz 1955:295). Im Gegensatz zu Aristoteles und seiner formaljuristisch begründeten Ablehnung des Suizids, wird bei der Stoa der Machtanspruch der Polis und der Gemeinschaft auf das einzelne Individuum sehr stark eingeschränkt. Zudem ist die Philosophie der Stoa, als eine Philosophie des richtigen Lebens, stark auf den praktischen Lebensvollzug ausgerichtet, wozu auch die Frage nach einem angemessenen Lebensausgang zu ihren Grundfragen zählt (vgl. Ritter:494). Das freiheitliche Denken dieser Philosophieschule spiegelt sich auch in ihrer Einstellung gegenüber dem Suizid, also in einer Praxis, die dem Menschen die Freiheit einräumt, sein Leben aus eigenem Entschluss und durch seine eigene Hand zu beendigen. Zur Begründung dieser Haltung sei erwähnt, dass die Stoa eine Güterlehre vertrat: "Vom Seienden sind das eine Güter, das andere Übel, das dritte gleichgültige Dinge (vgl. Kranz 1955:297). Auf dieser Wertetafel nimmt die denkende Vernunft den ersten Platz ein, alles Lasterhafte und Ungerechte wird den Übeln zugezählt. Als gleichgültige Dinge werden u.a.

auch Gesundheit und Krankheit, aber auch das Leben und der Tod angesehen. Als praktische Konsequenz dieser Ethik geht ihre tolerante Haltung dem Suizid gegenüber indirekt hervor, werden doch Leben und Tod im Kern als unwichtig gewertet.

4.2 MITTELALTER: Augustinus, Thomas von Aquin

Die wichtigsten religiösen Argumente gegen den Suizid gehen auf die christliche Auseinandersetzung mit dem Phänomen Suizid zurück. *Augustinus von Hippo* (354 – 430 n.Ch.), Kirchengelehrter und Philosoph der Spätantike, nahm im ersten Buch seines Hauptwerks *Vom Gottesstaat* Stellung zum Suizid (vgl. Stoecker 2006: 4-23). Er nahm die Vorbehalte gegen den Suizid der Antike auf und nutze sie für die Bedürfnisse der erstarkenden Kirche, die sich nicht auf ein ausdrückliches biblisches Verbot des Suizids berufen konnte. Zudem war in der Urkirche der Gedanken das eigene Leben hinzugeben nicht unvertraut, hatten doch Jesus und nach ihm viele Märtyrer, ihr Leben für die Menschheit bzw. für das Christentum und damit ihren Glauben, geopfert. Sich mit der Frage beschäftigend, ob es für Christen unter bestimmten Umständen, z.B. bei drohender Gefangennahme oder Vergewaltigung, erlaubt sei sich das Leben zu nehmen, verneint *Augustinus* diese Frage ausdrücklich. Sich auf die Mosaischen Zehn Gebote berufend argumentiert er, dass bei der Selbsttötung schliesslich ein Mensch getötet werde, was gegen das fünfte Gebot verstosse, nämlich gegen das ‚Du sollst nicht töten'. Anerkannte die Stoa noch Ausnahmesituationen, wo der Suizid toleriert wurde, prägte Augustinus ein resolutes Suizidverbot, das bis in die Moderne nachwirkte. Als Verstoss gegen das Tötungsverbot ist der Suizid für Augustin sogar eine Todsünde, die entgegen einem Mord, der vom Täter bereut werden kann, mit der Selbsttötung die Strafe der ewigen Verdammnis in der Hölle auf sich zieht.

Diese drastische Verurteilung des Suizids zieht sich durch das ganze Mittelalter und prägt die scholastische Theologie bis zu ihrem Hauptvertreter, *Thomas von Aquin* (1225-1274 n.Chr.). Als der prägende Denker im katholischen Mittelalter hat er *Augustins* Verbot der Selbsttötung in seiner *Summa theologiae* übernommen und innerhalb seiner Morallehre in seiner Begründung erweitert und vertieft (vgl. Wittwer 2008:301). Der Argumentation von *Thomas von Aquin* folgend wird ersichtlich, dass der Suizid für ihn ein Verbrechen in dreifachem Sinne darstellt, wobei er formalrechtliche Aspekte mit dem sittlichen Aspekt kombiniert. Naturrechtlich steht der Suizid im Wiederspruch zum Trieb der Selbsterhaltung und ist somit ein Verbrechen des Menschen gegen sich selbst. Sozialethisch folgt

Thomas von Aquin der Argumentation Aristoteles und bezeichnet ihn als ein Verbrechen an der Gemeinschaft. Theologisch schliesslich rebelliere die eigenmächtige Handlung der Selbsttötung gegen die rein göttliche Entscheidung über Leben und Tod (vgl. Bormuth 2008:32-33). An dieser Trias der ablehnenden Haltung gegenüber dem Suizid änderte auch die Kirchenspaltung durch die Reformation nichts, übernahmen doch die Reformatoren und der Protestantismus die ablehnende Haltung der katholischen Kirche bis in die Neuzeit.

4.3 AUFKLÄRUNG: Hume, Kant

Seit Beginn der *Neuzeit* stellten einige kritische Denker die moralische Verwerflichkeit des Suizids wieder in Frage. In der *Renaissance* und mit Höhepunkt im Zeitalter der *Aufklärung* wurden wieder die alten stoischen Vorstellungen rezipiert und die theologischen Argumente gegen den Suizid kritisch revidiert, was zu einer neuen philosophischen Debatte für und wider den Suizid führte (vgl. Stoecker 2006: 8-9). Mit Schwerpunkt auf die englische und deutsche Aufklärung sollen hier nun die Positionen ihrer beiden bedeutendsten Exponenten, *David Hume* und *Immanuel Kant* näher vorgestellt werden.

 Der Schotte *David Hume* (1711-1776) plädiert in seinem epochalen Essay *Über Selbstmord* (Hume), den individuellen Suizidmotiven in aller Breite Aufmerksamkeit zu schenken. Hume bricht mit dem seit der Antike vorherrschenden und vom Christentum übernommenen Tabu, den Suizidentscheid nie aus persönlichen Interessen zu treffen. Von Vernunft und gesundem Menschenverstand geleitet ist der Einzelne in der Lage, sich autonom für den Suizid entscheiden zu können, dies ohne der Gesellschaft Unrecht anzutun. „Wenn er (Anm. d.Verf.: der Selbstmord) kein Verbrechen ist, dann sollten uns sowohl Einsicht wie Mut dazu anhalten, uns von unserem Dasein mit einem Schlag zu befreien, wenn es eine Last wird“ (Hume 2000:98). Um mit seiner provokativen Rechtfertigung der individuellen Freiheit zum Suizid überzeugen zu können, kommt Hume seiner Leserschaft als aufgeklärter Geist insofern entgegen, als er seine Apologie, in Analogie zu Th. v. Aquin, entlang der dreifachen Frage aufgleist, warum der Suizid kein Verbrechen an Gott, der Gesellschaft und sich selbst darstellte (Hume 2000:90). Die Grundlage seiner Argumentation bildet das Postulat, dass es eine göttliche Vorsehung gebe, die Hume mit der Ordnung der Natur gleichsetzt (Hume 2000:93). Als stille Prämisse lenkt sie unmerklich das Denken und Tun des Menschen und schenkt das Vertrauen auf einen fortschreitend guten Gebrauch seiner Urteilskraft, sodass „Alle Ereignisse in einem gewissen Sinn als Handlung des Allmächtigen bezeichnet werden können...“(Hume 2000:91).

Nach Hume geniesst der Mensch das göttliche Vertrauen und untersteht nicht ihrer „Verfügungsgewalt über das Leben", sondern mute ihm die freie Entscheidung zu (vgl. Bormuth 2008:38). Auf dieser Argumentation aufbauend, stellt Hume die brisante Frage, ob die von Gott, Vorsehung bzw. Ordnung der Natur gegebene Urteilsfreiheit auch die Möglichkeit einschliesst, sich das Leben zu nehmen, die er klar bejaht. Ein, kraft seines gottgegebenen Verstandes, Ausdruck der Vorsehung in der Ordnung der Natur, sich tötender Mensch wird das nur bei unerträglichem körperlichem und sozialem Leid, niemals leichtfertig tun. Sollte dies willkürlich geschehen, so wäre es nur Ausdruck seiner pathologischen Natur. Das Leiden ist als Option einer läuternden Bewährung nur dann sinnvoll, wenn es nicht mit „Klugheit und Mut" zu beheben ist. Hume erachtet die gesellschaftliche Perspektive des Suizids als unerheblich, wenn er sie auch interessendienlich berücksichtigt: „Ein Mensch, der aus dem Leben tritt, fügt der Gesellschaft keinen Schaden zu. Er hört lediglich auf, Gutes zu tun; was, wenn er ein Unrecht ist, ein solches der geringsten Art ist" (Hume 2000:97). Heikel wird Humes Argumentation gerade im Kontext der heutigen Sterbehilfedebatte, wo sie unmittelbar gesellschaftliche Interessen in den Mittelpunkt stellt: „Aber angenommen, dass es nicht länger in meiner Macht steht, das Interesse der Gesellschaft zu fördern, dass ich eine Last für diese bin, dass mein Leben einige Personen daran hindert, der Gesellschaft viel nützlicher zu sein: In solchen Fällen muss mein Abschied vom Leben nicht nur schuldlos, sondern lobenswert sein" (Hume 2000:98). Zusammenfassend versucht Hume die antiken und christlichen Zweifel aufzulösen, jene, dass der Mensch im Suizid willkürlich handelt, indem er zuversichtlich auf den gesunden Menschenverstand als Gabe der göttlichen Natur aufbaut. Auf seine Urteilskraft vertrauend, handle der Suizident moralisch, gesellschaftliche Bedenken stehen im Hintergrund. Nach Bormuth (vgl. Bormuth 2008:39-40) entfaltet Hume die Perspektive einer kosmischen Welt, die Kraft ihrer eigenen Gesetzte nicht durch den Suizid eines Einzelnen in ihrer Einheit gestört werden kann, lasse dieser doch nur die Atome seines Körpers in einen ewigen Kreislauf einmünden. Für ihn entfaltet Hume eine „optimistische Anthropologie des aufgeklärten Denkens". Er vertraut darauf, dass es nur zum kulturellen Nutzen aller sein kann, wenn der Mensch in geistiger Gesundheit zur möglichen Mündigkeit aufschwingt, wenn er am Lebensende seine gewünschte gesellschaftliche und religiöse Passivität aufgebe.

Das christliche Selbstmordverbot auf moralphilosophischer Ebene verschärfend und sich von der liberalen und utilitaristischen Auffassung seines Zeitgenossen *Hume* distanzierend, lehnt der bedeutendste deutsche Aufklärer, *Immanuel Kant*

(1724-1804), den Suizid kategorisch ab. Den Ausgang aus der selbstverschuldeten Unmündigkeit zu suchen, so Kants Forderung der Aufklärung, bedeutet für die menschliche Autonomie nicht, dass er dem von persönlichen Interessen geleiteten Menschen Vertrauen und Freiraum gewähren würde (vgl. Bormuth 2008: 40-42). Zwei Jahre nach *Humes* Essay *Über Suizid* publiziert, distanziert sich Kant in seiner Schrift *Grundlegung zur Metaphysik der Sitten*, von jeglicher persönlichen Rechtfertigung des Suizids. Kants moralische Forderung fokussiert sich auf die Ergründung eines notwendigen, für alle Menschen gültigen Gesetztes, das, „wenn es ein solches ist", konstitutiv mit dem Begriff des Willens verschränkt, nicht empirisch, sondern, so sehr sich Kant auch sträubt, „völlig a priori", in der Metaphysik verortet ist, nämlich in der Metaphysik der Sitten (Kant 2008:27). Das Problem Kants Gedankengang liegt allerdings in seiner Prämisse, dass es ein unumgängliches Anliegen der menschlichen Vernunft sein müsse, sich am Leben zu erhalten. Ob sich ein solches Vernunfterhaltungsgebot a priori wirklich ableiten lässt, bleibt umstritten (vgl. Stoecker 2006:8). Kant beruft sich auf eine Version des kategorischen Imperativs, die gebietet, „die Menschheit sowohl in deiner Person, als in der Person jedes andern jederzeit zugleich als Zweck, niemals bloss als Mittel" zu gebrauchen (Kant 2008: 65). Als Vernunftwesen hat der Mensch immer darauf zu achten, auch immer Zweck der eigenen Handlungen zu sein. Nach Kant kann man also nicht gleichzeitig etwas bezwecken und gezielt vernichten, weshalb der Suizident sich in der Selbsttötung nicht als Zweck, sondern als Mittel zum Zweck behandelt. Kants Pflicht zur Selbsterhaltung verbietet schlechthin die Möglichkeit, gute und schlechte Gründe zum Suizid zu unterscheiden: „Wenn er, um einem beschwerlichen Zustand zu entfliehen, sich selbst zerstört, so bedient er sich seiner Person bloss als eines Mittels zu Erhaltung eines erträglichen Zustandes bis zum Ende des Lebens" (Kant 2008:65). Mit einer „Pflicht gegen sich selbst" führt Kant eine starke Freiheitsforderung an, die nicht mit einer Entscheidung für den Suizid vereinbar ist: "Einer, der durch eine Reihe von Übeln, die bis zur Hoffnungslosigkeit angewachsen ist, einen Überdruss am Leben empfindet, ist noch so weit im Besitze seiner Vernunft, dass er sich selbst fragen kann, ob es auch nicht etwa der Pflicht gegen sich selbst zuwider sei, sich das Leben zu nehmen" (Kant 2008:54). Jeglicher Autonomie in moralischen Fragen misstrauend, betrachtet er den Menschen als Bündel wechselhafter Neigungen, und bezweifelt jegliche Möglichkeit, den Suizid als persönliche Gewissensentscheidung zu vollziehen.

Arthur Schopenhauer (1788-1860) teilt mit Kant seine pessimistische Sicht auf den Menschen, entwickelt jedoch auf die Frage, wie die Entscheidung zur Selbsttötung moralphilosophisch zu beurteilen sei, eine ganz eigene Antwort. Sind in Kants Philosophie der Verstand, die Vernunft und die Pflicht zentrale und konstitutive Begriffe, so sind diese bei *Schopenhauer* sekundär, steht doch im Zentrum seiner Philosophie der Wille zum Leben und die Vorstellung der Welt, denen das Denken und das Bewusstsein der Menschen untergeordnet sind (vgl. Helferich 1998:339-342). Folge seines Ausgeliefertseins an den das Leben in all seinen Erscheinungen begehrenden Willens, erfährt der Mensch automatisch auch viel Leid. Als definitiver Ausweg aus diesem Leiden, so *Schopenhauer* (Vgl. Schopenhauer 1987 Band I:541-546), bietet sich dem Menschen ein ethischer Weg der Erlösung an, nämlich jener der Verneinung des Willens. Der Selbstmord ist für *Schopenhauer* somit keine Lösung des Leidens, denn der Suizid richtet sich nach *Schopenhauer* nicht gegen das Leben schlechthin, sondern primär gegen seine widrigen Umstände. So schreibt er: „Der Selbstmörder will das Leben und ist bloss mit den Bedingungen unzufrieden, unter denen es ihm geworden. Daher gibt er keineswegs den Willen zum Leben auf, sondern bloss das Leben, indem er die einzelne Erscheinung zerstört. Er will das Leben, will des Leibes ungehindertes Dasein und Bejahung; aber die Verflechtung der Umstände lässt dieses nicht zu, und ihm entsteht grosses Leiden" (Schopenhauer 1987 Band I:541). Die Lösung des Leidens liegt für Schopenhauer also nicht im Suizid, den er als Verirrung betrachtet, sondern in der Erkenntnis, dass der Wille zum Leben, durch den Suizid nur in seiner individuellen Erscheinung zerstört und nicht aufgehoben wird: „Er selbst kann durch nichts aufgehoben werden als durch Erkenntnis. Daher ist der einzige Weg des Heils dieser, dass der Wille ungehindert erscheine, um in dieser Erscheinung sein eigenes Werk erkennen zu können" (Schopenhauer 1987 Band I:544). Für Schopenhauer besteht demnach der Sinn des Leidens in seiner Funktion als Wegbereiter der Erkenntnis und folglich der Erlösung durch dessen Negation. In seinem Kapitel *Über den Selbstmord*, in diesem Zusammenhang auf *Humes* Essay *Über Suizid* verweisend und verteidigend, kritisiert Schopenhauer ebenfalls die Kirche mit ihrem biblisch unbegründeten Verbot zur Selbsttötung. Er verweist hier auch auf die bezüglich dem Suizid permissiveren Einstellungen in der Antike und entwickelt nebst seiner eigenen moralphilosophischen, gar eine (ironisch?) experimentelle Perspektive über den Selbstmord (Schopenhauer Band V:361-367). In einem Gedankenexperiment stellt er an die Natur die Frage, wie diese Änderung, nämlich der

Suizid, das Dasein und die Erkenntnis des Menschen beeinflusse, die aber wegen der Aufhebung des Bewusstseins durch den Tod unbeantwortet bleiben müsse. Mehrere Jahrzehnte nach Hume und Kant entwickelt *Schopenhauer* nebst einer moralphilosophischen auch eine suizidologische, eine psychiatrische Perspektive auf den Suizid, dies mit wohl dem Ziel, die menschliche Willensbildung in ihren vielfachen Abhängigkeiten besser zu verstehen (vgl. Schopenhauer 1987 Band I:545). Er verweist hier auf verschiedene Publikationen und Kasuistiken, die den Verdacht auf eine psychopathologische Ursache des Suizids diskutieren. Auf diesen Kasuistiken aufbauend, verweist Schopenhauer auf das „Primat des Willens im Selbstbewusstsein" und relativiert den Gedanken der Freiheit als unbedingte Grösse, die durch verschiedene psychische und physische Einflüsse erheblich eingeschränkt werden kann (vgl. Bormuth 2008:52). Grundsätzlich kann man sagen, dass *Schopenhauer* dem Menschen das Recht auf den Suizid nie abgesprochen hat. Er verteidigt seine Überzeugung, dass jedem Menschen ein individuelles Recht auf seine Person und sein Leben zukommt und weist lediglich auf die Vergeblichkeit des Suizids hin, da er nur eine Scheinlösung für die wirkliche Erlösung, jener der Willensverneinung bilde.

Mit seinen provokativen Äusserungen zur Suizidproblematik erfährt das Thema mit *Friedrich Nietzsche* (1844 -1900) eine radikale Umwertung und wird in ein bisher unbekanntes, neues Licht gerückt. In seinem Werk *Also sprach Zarathustra* befasst sich *Nietzsche* im Abschnitt *Vom freien Tode* mit dem Thema Suizid: „Viele sterben zu spät, und einige sterben zu früh. Noch klingt fremd die Lehre: „stirb zur rechten Zeit! Stirb zur rechten Zeit: also lehrt es Zarathustra" (Nietzsche 1999, Band 4:93). Nietzsches neuartiger Appell und Forderung geht dahin, dass er vom Menschen verlangt, zum richtigen Zeitpunkt zu sterben, was im Kontext der heutigen Diskussion um den begleiteten Suizid wieder an Brisanz gewinnt. Doch wie soll Nietzsches Forderung verstanden werden? Eine mögliche Antwort in die von ihm intendierte Richtung, formuliert Nietzsche in seinem Werk *Menschliches, Allzumenschliches*, wo er unmissverständlich schreibt: „Abgesehen von den Forderungen, welche die Religion stellt, darf man wohl fragen: warum sollte es für einen alt gewordenen Mann, welcher die Abnahme seiner Kräfte spürt, rühmlicher sein, seine langsame Erschöpfung und Auflösung abzuwarten, als sich mit vollem Bewusstsein ein Ziel zu setzen?" (Nietzsche 199, Band 2:85). Wie das folgende Zitat belegt, handelt es sich um eine rhetorische Frage. Nietzsches Position erscheint hier schon bereits entschieden, denn in seinem Werk fährt er fort: „Die Selbsttötung ist in diesem Falle eine ganz natürliche naheliegende Handlung, welche als ein Sieg der Vernunft billigerweise

Ehrfurcht erwecken sollte: und auch erweckt hat, in jenen Zeiten als die Häupter der griechischen Philosophie und die wackersten römischen Patrioten durch Selbsttödtung zu sterben pflegten. Die Sucht dagegen, sich mit ängstlicher Berathung von Aerzten und peinlichster Lebensart von Tag zu Tage fortzufristen, ohne Kraft, dem eigentlichen Lebensziel noch näher zu kommen, ist viel weniger achtbar" (Nietzsche 1999: Bd.2: 85). Wie in seinem Aphorismus *Moral für Ärzte* in seinem Werk *Götter-Dämmerung* nachzulesen ist, brandmarkt Nietzsche den Kranken als einen Parasiten der Gesellschaft. Sein Fortleben schildert er als unanständig, da es ein Fortvegetieren in feiger Abhängigkeit von Ärzten und Praktiken ist, womit er nur Verachtung verdiene. Tagtäglich neu dem Ekel der Kranken ausgesetzt, sei die Aufgabe des Arztes nicht jene zu heilen, sondern diese Verachtung zu vermitteln. Nietzsche geht soweit, für den Arzt eine neue Verantwortlichkeit zu schaffen, nämlich jene „für alle Fälle, wo das höchste Interesse des Lebens, des aufsteigenden Lebens (Anm.d.Verf.: des gesunden Lebens), das rücksichtloseste Nieder- und Beiseite-Drängen des entarteten Lebens verlangt" (Nietzsche 1999, Band 6:134). Auch die tradierte Rolle des Arztes erfährt hiermit eine radikale Umwertung. Der Arzt handelt nicht mehr im Interesse und Wohle seines Patienten, sondern im Interesse der Gesellschaft. Wenn es Nietzsche auch nicht explizit sagt, so ist er in letzter Konsequenz auch bereit, krankes Leben zu töten. In den zitierten Texten reflektiert Nietzsche die Frage des Suizids in Abhängigkeit von Krankheit, der Erfahrung des Alterns und der damit verbundenen Einbusse an Kraft und Vitalität, und letztendlich der Kunst, diesen zur richtigen Zeit zu vollziehen. In diesem Zusammenhang appelliert Nietzsche im Aphorismus *Vom vernünftigen Tode* an die Vernunft des Menschen (Nietzsche 1999, Band 2:632). Hier erfährt auch der Suizid eine moralisch radikale Umwertung, wird doch die Handlung der Selbsttötung als eine Handlung der Vernunft angesehen. Der im tradierten Verständnis natürliche, unfreiwillige Tod, z.B. als Folge einer langen Krankheit, wird als ein unvernünftiger, unnatürlicher Tod umgedeutet, da eine unwürdige und sinnlose Verschwendung von Ressourcen zur falschen Zeit. Denn Nietzsches hier vertretener neuer Moralbegriff fordert vom Menschen eine Perspektivenumkehr: „Der natürliche Tod ist der von aller Vernunft unabhängige, der eigentlich unvernünftige Tod, bei dem die erbärmliche Substanz der Schale darüber bestimmt, wie lange der Kern bestehen soll oder nicht: bei dem also der verkümmernde, oft kranke und stumpfsinnige Gefängniswärter der Herr ist, der den Punct bezeichnet, wo sein vornehmer Gefangener sterben soll" (Nietzsche 1999, Bd.2:632). Nietzsche macht also in seiner sittlichen Umwertung des Sterbens geltend, dass der natürliche, freiwillige Tod der Suizid ist, denn gerade in ihm manifestiert sich für Nietzsche die Vernunft. Hier entscheidet der „Kern", d.h. der vornehme „Gefangene" über die „Schale", ob und wann er sterben möchte und nicht der „Gefängniswärter" in Gestalt einer ihn gängelnden Krankheit. Nietzsche war sich der moralischen Sprengkraft seiner Forderung voll bewusst, wenn er in *Menschliches, Allzumenschliches* auf "jene ganz unfassbar und unmoralisch klingende Moral der Zukunft, in deren Morgenröthe zu blicken ein unbeschreibliches Glück sein muss", verweist (Nietzsche 1999, Bd.2:633).

5 DER EXISTENTIALISMUS UND DER TOD ALS ABBRUCH DER EXISTENZ

Nachdem ich im vorhergehenden, vorbereitenden Kapitel, *Der Suizid in der Philosophiegeschichte,* mit einer kurzen, allgemein gehaltenen Übersicht auf die unumstrittene philosophische Relevanz und Aktualität der Suizidproblematik hingewiesen habe, möchte ich diese nun im Folgenden aus der spezifischen Perspektive der *Existentialistischen Philosophie* untersuchen. Die Betrachtung und Vertiefung der Suizidproblematik aus der Perspektive des *Existentialismus* ist meinerseits weder willkürlich, noch zufällig getroffen, bedarf jedoch zum weiteren Verständnis einer näheren Begründung.

Wenn möglicherweise auch etwas simplifizierend, intendiert und verweist der Terminus *Arzt* umgangssprachlich auf eine Tätigkeit, nämlich auf die der ärztlichen Praxis, konkret auf die Behandlung von Patienten. Bekanntlich gründet diese Praxis in ihrer Theorie auf den medizinischen Wissenschaften, welche, ergänzt durch die klinische Erfahrung des Arztes, schlussendlich zur Diagnosestellung und Therapie beitragen. Bis zu diesem Punkt bewegt sich der Arzt noch in einem vergleichsweise theoretischen Bereich, setzt die Praxis im engeren Sinne, doch erst mit ihrer Anwendung, mit der therapeutischen Handlung, der Behandlung des Patienten ein. Mit seiner Behandlung richtet sich also der Arzt an einen, wie auch immer, physisch und/oder psychisch kranken Menschen, in seiner persönlichen, momentan gegebenen Lebenssituation. Dieser Mensch, und darin scheint mir als Mediziner die Attraktivität eines philosophisch existentialistischen Denkansatzes zu gründen, wird als erkranktes Individuum, relativ zur Ernsthaftigkeit der Prognose seiner Krankheit, in seiner ganzen menschlichen Existenz betroffen und gefordert. Als Patient erfährt der kranke Mensch Leid in Form von Schmerzen, Nöten, Einsamkeit und Ängsten. Das jähe Bewusstwerden seiner Endlichkeit konfrontiert ihn möglicherweise mit bisher unbekannten Lebens- und Sinnfragen, die potentiell sein psychomentales Gleichgewicht erschüttern. Im Extremfall stirbt der Mensch. Der Mensch/Patient stirbt als Folge seiner Krankheit eines natürlichen Todes, oder er beendet sein Leben als Mensch/Patient durch einen selbstbestimmt gewählten Tod, den Suizid. Beim Suizid, das muss hier ausdrücklich hervorgehoben werden, ist eine klinische Pathologie als Voraussetzung zu diesem Schritt in keiner Weise zwingend, kann seine Motivation auch als Schlussfolgerung einer kritischen Bilanz individueller Erkenntnisse betrachtet werden. Wie das Ende des Lebens in Form des Todes sich auch immer ereignet, sei es der mehr oder weniger in Resignation akzeptierte, oder der bewusst gesuchte Tod, bedeutet dieses Ereignis für den betroffenen Menschen immer einen irreversiblen Abbruch seines weltlichen Daseins. Der Tod führt zum Abbruch, zum Ende seiner Existenz.

Bevor ich auf den besonderen begrifflichen Beitrag der existentialistischen Philosophien von Karl Jaspers, Albert Camus und Jean Améry zu Tod und Suizid zu sprechen komme, möchte ich zum besseren Verständnis ihrer Weltanschauungen an diesem Punkt etwas weiter ausholen.

Die „*Existenzphilosophie*", „*Existentialismus*", „*Existentialontologie*" hat explizit die *menschliche Existenz* zum zentralen Thema (vgl. Helferich 1998: 399-409). Die angedeutete Vielfalt seiner Bezeichnungen will auf eine ebenso grosse Vielfalt von Strömungen innerhalb dieser heterogenen Philosophie hinweisen, deren Darstellung den Rahmen meiner Arbeit sprengen würde. Nebst den drei bereits erwähnten Exponenten seien hier als wichtige Stellvertreter noch *Jean-Paul Sartre, Martin Heidegge*r und *Simone de Beauvoir* genannt. Gemeinsam bilden sie eine im 20. Jahrhundert massgeblich bestimmende Denkrichtung, welche den kontinentaleuropäischen philosophischen Diskurs bis in die sechziger Jahre beherrscht hat. Wichtig war auch der nachhaltige Einfluss des Existentialismus auf *Kunst* (Expressionismus) und *Literatur*. Albert Camus und Jean-Paul Sartre haben auch als Schriftsteller bedeutende Werke publiziert und mit ihrer Popularität den Existentialismus einer breiten Öffentlichkeit bekannt gemacht, womit die Relevanz des Existentialismus als eine in Gesellschaft und Leben verankerte Philosophie unterstrichen werden soll.

Um den Ursprung des Existentialismus zu verstehen und das, was ihn von allen anderen Philosophien unterscheidet und wiederum seine Eigentümlichkeiten ausmacht, muss man in der Geschichte zeitlich ein beträchtliches Stück zurückgehen, bis zum Beginn des 19. Jahrhunderts. Historisch ist es eine Zeit des radikalen Umbruchs: des technisch - wirtschaftlichen Aufschwungs (Industrialisation) und Urbanisation, einer neuen, biologisch fundierten Betrachtung des Menschen (Darwin), der Auflösung der christlich-religiösen Traditionen und dem Aufkommen neuer Wissenschaften (Soziologie, Psychologie, Ökonomie) und politischen Doktrinen (Sozialismus, Kommunismus), mit ihren Massenbewegungen. Es ist auch die Zeit der Nationalstaatengründungen, des Kolonialismus und verheerender Kriege.

Der dänische Denker Sören Kierkegaard (1813-1855) gilt gemeinhin als der Begründer der Existentialphilosophie (vgl. Pieper 2000: 7-11). Sein originelles philosophisches Konzept erwächst, verkürzt gesagt, einer radikalen Kritik der traditionellen Metaphysik, vor allem gegen Hegel, als einer Essenz- oder Wesensphilosophie. Man könnte auch sagen, dass der Existentialismus eine Art Kritik gegen den Rationalismus seiner Zeit darstellt. Als skeptischer Denker begreift und erkennt Kierkegaard in Hegels Philosophie das Resultat dogmatischer Setzungen, die nicht auf Wissen, sondern auf reinem Glauben beruhen. Jenseits gedanklicher Spekulation versuchte er damit eine einzige dem Menschen mögliche Gewissheit zu retten, nämlich jene seines Lebensvollzugs, seiner gelebten Existenz. Der Mensch ist seine Existenz. Damit zielt und setzt er auf eine individuelle, d.h. unteilbare Lebensform, die den Menschen zu entscheiden zwingt jene Person zu sein, die zu sein er sich entscheidet. Mit diesem unhintergehbaren Akt der Freiheit übernimmt der Mensch unvertretbar, also nicht auf andere delegierbar, die volle Verantwortung für sein Leben, mit all seinen angenehmen und unangenehmen Konsequenzen, für Freud und Leid. Der Schwerpunkt des Kierkegaardschen Denkens liegt also auf der endlichen Lebensgeschichte des einzelnen Menschen, mit all seinen Kalamitäten und Zufälligkeiten. Die kritisierte Metaphysik, mit ihrem begrifflich-idealen Sein verwirft er also zugunsten eines faktisch-realen Seins und setzt vor den abstrakten Essenzbegriff einen empirischen Existenzbegriff. Eine abstrakte Gedankenexistenz wird von einer vollzogenen, konkret gelebten Existenz begrifflich unterschieden. Im Kern legt Kierkegaard den Schwerpunkt seines Denkens auf die Existenz, auf das endliche Sein des Menschen als Individuum. Vorgreifend sei hier erwähnt, dass für Kierkegaard das *religiöse Erlebnis* eine zentrale Stellung einnimmt, jedoch auch für seine Begriffe logisch unfassbar und jenseits aller Vernunft bleibt, metaphorisch spricht er vom „Sprung in den Glauben", und nur zum Preis der Paradoxie und Absurdität zu haben ist.

Es soll nun versucht werden, die den *existentialistischen Philosophien gemeinsamen,* im Fokus stehenden *Begriffe* präziser herauszuarbeiten. Im Sinne einer einleitenden Übersicht will ich die existentialistischen Schlüsselthemen aufzählen, die dann weiter präzisiert werden sollen. Es handelt sich im Wesentlichen um die Begriffe *Leben* und *Selbstbestimmung, Tod, Immanenz, Angst-Furcht, Irrationalität-Absurdität, Authentizität, Freihei*t und den zentralen Begriff der *Existenz.*

Allen Existenzphilosophien gemeinsam (vgl. Burnham: 1-5) ist ihre Fokussierung auf den *einzelnen Menschen* und seine jeweilige konkrete Lebenssituation. Das Schlüsselproblem der Philosophie gilt den weltlichen Bedingungen des Menschen auf der Welt, seiner *Condition humaine.* Die Aufgabe der Philosophie besteht jetzt nicht mehr primär darin das Leben in all seinen begrifflichen Abstraktionen, ihrem Wesen bzw. Essenz, zu erklären und zu verstehen, vielmehr muss das Leben selbst Philosophie werden, muss als Philosophie gelebt werden. Die Philosophie wird zur Lebensweise. Damit wird die Philosophie zum Lebensprogramm, das Leben und die Philosophie verschmelzen, sie begreifen sich als eines. Das führt zu einem Konzept der *Immanenz*, welches dahin verstanden werden muss, dass die Philosophie das menschliche Leben aus seinem Inneren heraus reflektiert und mit diesem Zugang selbstbewusst eine *subjektive Perspektive* wählt. Dies ist nur möglich und bildet einen weiteren Begriff des Existentialismus, wenn der Mensch *authentisch* ist. Die Natur des Lebens ist keine Sache des intellektuellen Verständnisses, nicht etwas vom Leben abgehobenes und von ihm gelöstes. Der authentische Mensch ist somit jener, der in Übereinstimmung mit seinem gegebenen Leben lebt, was wiederum seine bereits erwähnte *Individualität* konstituiert. Obwohl der Existentialismus seinen Blick auf den einzelnen Menschen richtet, ist er nicht in dem Sinne individualistisch, dass er den einzelnen Menschen isoliert. Da sie den Menschen immer in der konkret gegebenen Situation aufsucht, erscheint er in dieser Situation auch immer mit der Welt und den anderen Menschen verbunden. In der Welt sein bedeutet für das Individuum auch immer mit den Anderen sein.

Ein weiterer wichtiger Begriff des Existentialismus ist der Begriff der *Angst* und jener der *Furcht* als ein Grundgefühl des Daseins, die aus dem erschreckenden Bewusstwerden des Menschen entspringen, ins Leben entlassen zu sein, ins Leben geworfen worden zu sein. Daraus resultiert auch das Gefühl der *Einsamkeit* des Menschen und einer unausweichbaren *Tragik* seines Menschseins. Aus dieser Denkperspektive wird das Leben folglich in seiner Gesamtheit als *irrational* und als *absurd* erlebt. Das führen die Existentialisten darauf zurück, dass die Natur schlichtweg planlos operiert und den Menschen auf keine Erklärung für seine Existenz verweist. Die Wissenschaften leisten mehr eine Deskription als ein Verstehen der natürlichen Welt und des Kosmos, der uns mit unseren Fragen und unserem Wunsch nach Wertvorstellungen und Sinn, uns alleine überlässt.

Im Mittelpunkt dieser Lebensphilosophie steht ganz zentral der Begriff der *Existenz*, der auch dieser Philosophie ihren Namen gab. Wird der Begriff der Existenz von den Existenzphilosophen auch nicht in einer gemeinsam verständlichen Weise verwendet, besteht doch dahin Einigkeit, dass der von ihnen verwendete Begriff der Existenz nicht auf die Existenz eines Dings hinweist, sondern nur auf die *Existenz des Menschen.* Der Mensch kann somit nicht mit dinglichen Kategorien, als Substanz mit Eigenschaften verstanden werden und folglich nicht in dinglichen Kategorien angemessen kritisiert werden. Seine Existenz ist im Vollzug, die dem einzelnen Menschen typische Seinsweise und darin ist er sich selbst überlassen.

Ein weiterer gemeinsamer Begriff des Existentialismus ist der Begriff der *Freiheit*. Dieser kann in Beziehung zum Begriff der Angst gebracht werden, resultiert der Begriff der Freiheit doch wesentlich aus der in existentieller Einsamkeit getroffenen Entscheidungen, losgelöst und frei vor jeder Gottheit und jeder Determiniertheit. Insofern ist alle Existentialphilosophie, es sei hier nochmals unterstrichen, immer *subjektiv* und nicht weiter ableitbar. Der einzelne Mensch muss sich zuallererst zu dem machen, was er ist. Er ist nicht vorbestimmt und steht damit immer im Mittelpunkt seiner Lebensdynamik. Die Existenz ist kein unveränderliches Sein, sondern wesentlich an die gelebte Zeit und Zeitlichkeit gebunden.

Aus dem bisher Gesagten geht hervor, dass nicht abstrakt der Mensch, sondern das konkrete Individuum, das über seine Existenz zu entscheiden hat, der Bezugspunkt des Existentialismus ist. Es ist somit auch nicht weiter verwunderlich, dass eine Philosophie, welche ihren Gravitationspunkt in der Reflexion der Existenz des Individuums hat, den Tod, also den Abbruch des Lebens, das Ende der Existenz gewichtig thematisiert.

Als Überleitung zum gewählten Thema dieser Arbeit, der Suizid aus der Perspektive der existentialistischen Philosophie, und mit der Skizzierung des Todesbegriffes von drei etwas willkürlich ausgewählten, wenn auch für die Denkbewegung prominenten Vertretern, soll der von ihnen unterschiedlich verwendete Begriff des Todes etwas näher beleuchtet werden.

In der seiner Zeit vorherrschenden Auseinandersetzung mit dem Tod, die sich auf die Romantik und Aufklärung abstützt, entbehrt Kierkegaard (vgl. Dietz 2012:1) eine gewisse Tiefe, die ihn zur Entwicklung einer eigenen Theorie des Todes drängt. Weder entschärft, noch nivelliert diese den Tod. Der „Ernst" des Sterbens führt ihm die Einzigkeit und Unvertretbarkeit des individuellen Lebens vor Augen. Das Leben im Bewusstsein des Todes ist eine Kunst. Dieses Bewusstsein schliesst eine Ästhetisierung des Lebens aus, denn das Leben ist kein Spiel. Zum Realitätssinn gehört diese wesentliche Einsicht in die eigene Sterblichkeit. Es geht ihm nicht um ein abstraktes Wissen um die Sterblichkeit des Menschen schlechthin, stattdessen um eine Geisteshaltung des Menschen, die ein Leben im Bewusstsein des Todes, seines Sterbenmüssens, sich selbst im Leben mit der Wirklichkeit des eigenen Todes zusammenzudenken versucht.

Hatte schon Kierkegaard in seinen Schriften Themen wie Angst und Tod seine besondere Aufmerksamkeit geschenkt, so sieht auch *Martin Heidegger* (1889-1976) „im existentiellen Sein zum Tode", wiederum die Unvertretbarkeit des Lebens betonend, die ausgezeichnete Weise des Selbstseins (vgl. Helferich 198:401-405). Denn erst im Bewusstsein des Todes verortet sich das Dasein als Person, mit einer individuellen Vergangenheit und Zukunft. Ein Verständnis des Todes ist jedoch nicht primär durch Nachdenken in seiner Bedeutung fassbar, sondern es kann allein in der Stimmung der Angst erfahren werden, womit Heidegger nicht nur dem Verstand, sondern auch den Stimmungen eine erkennende Funktion zuweist.

Stützt sich der Begriff des Todes bei Heidegger wesentlich auf jenen von Kierkegaard, so vertritt *Jean Paul Sartre* (1905-1980) eine radikal verschiedene Sichtweise. Der Tod ist eine Zumutung, ja ein Skandal. Für Sartre, als vielleicht der jüngste und letzte unter den bedeutenden Existentialisten, ist der Tod ein Ereignis der Aussenwelt mit zufälligem Datum und daher absurd. „Jedes Existierende wird ohne Grund geboren, schleppt sich durch das Leben aus Schwäche und stirbt durch äussere Einwirkung" (Sartre 1963: 7). Mit diesem Satz aus seinem ersten Roman *La Nausée* (dt. *Der Ekel*), fasst Sartre das Wichtigste zu seiner Ansicht des Todes zusammen. Der Tod wir zu einem zufälligen, auf den Menschen von aussen kommendes Ereignis betrachtet, womit er nicht sinnstiftend in den Existenzentwurf des Menschen einbezogen werden kann.

Nach dieser verkürzten Darstellung des Todesbegriffes dreier prominenter Existentialisten, soll der Vollständigkeit halber noch auf die Stellung der Religion innerhalb des Existentialismus hingewiesen werden. Inwieweit die eigene Existenz über den Tod hinaus gedacht werden kann, in vorausschauender Erwartung und auf der Basis eines *religiösen Erlebnisses*, ein fundamentaler Gedanken bei Kierkegaard, darüber herrscht bei den Existentialisten grosse Uneinigkeit. Dies weist wiederum auf die etwas lose und breite Bewegung des Existentialismus hin (vgl. Burnham:1). Die einzelnen Positionen der im Zusammenhang mit dem Suizid noch zu diskutierenden Existentialisten werde ich in den ihnen speziell gewidmeten Kapiteln darstellen (5.1, 5.2, 5.3).

Nach diesen einleitenden Erklärungen zu den wichtigsten Begriffen des Existentialismus will ich in einem nächsten Schritt, jetzt spezifisch auf seine begriffliche Auseinandersetzung mit der Problematik des Suizides eingehen. Dies soll, wie weiter oben bereits angekündigt, aufgrund der vertieften Analyse dreier Werke wichtiger Existentialphilosophen geschehen. Die Auswahl der Philosophen Karl Jaspers, Albert Camus und Jean Amèry begründet sich einerseits darin, dass diese den Suizid in ihrem Werk explizit thematisiert haben, andererseits in ihrem biographisch unterschiedlichen, d.h. von ihrem individuellen In - der - Zeit - Sein ausgehend, um beim existentialistischen Jargon zu bleiben, eine Gegenüberstellung ihrer Theorien eine aus ärztlicher Sicht komplexere und damit hoffentlich bereichernde Reflexion zum Thema Suizid verspricht.

5.1 KARL JASPERS UND DER SUIZID: Philosophie II. Existenzerhellung

Bevor sich *Karl Jaspers* (1883-1969) ganz der Philosophie widmete, begann er seine Laufbahn als Mediziner (Psychiater) und Psychologe. In Abhebung von den Wissenschaften eröffnet seine *Philosophie der Existenz* Möglichkeiten eigentlichen Selbstseins des Menschen bewusst zu machen (vgl. Helferich 1998:408). Existenzphilosophie ist für Jaspers somit *Existenzerhellung*, welche insbesondere in *Grenzsituationen* (Tod, Leiden, Kampf, Schuld) und der damit verbundenen Erfahrung von Sinnlosigkeit und Einsamkeit, ihren Ausgangspunkt hat. Diese *Grenzsituationen* können weder umgangen noch verändert werden können. In ihnen verwirklicht sich unmittelbar die menschliche *Existenz*. Existenzphilosophie wird bei Jaspers als *appellierendes Fragen* verstanden, im Sinne einer *philosophia perennis*. Erhellung des eigenen Existierens heisst denn auch immer „auf dem Weg sein" und hat in diesem Sinne auch „kein Ergebnis". Die beständige Herausforderung des Menschen liegt also darin, *mögliche Existenz* als *wirkliche Existenz* zu leben. Da das menschliche Bedürfnis nach absolutem Wissen an seiner *Grenze*, die seinem existenziellen Ziel im Wege steht, scheitern muss, scheitert an dieser *Grenze* auch seine *Existenz*. Auch im Scheitern muss der Mensch seine Bewährung finden, welches selbst dann aber noch als *Chiffre*, als Geheimzeichen der *Transzendenz* zu verstehen ist (vgl. Thurnherr 2007:11).

Im *Band II* seiner *Philosophie* (Jaspers 1973) mit dem Untertitel *Existenzerhellung*, kommt *Karl Jaspers* auf die einzelnen *Grenzsituationen* und die *unbedingten Handlungen* zu sprechen. Der *Selbstmord*, so seine noch zu begründende Wortwahl, wird den unbedingten Handlungen zugeteilt (Jaspers 1973: 300-314).

Es sei an dieser Stelle ausdrücklich erwähnt, dass ich mich bereits in meiner ersten Zertifikatsarbeit eingehend mit der Suizidtheorie von *Karl Jaspers* beschäftigt habe, sodass im folgenden Abschnitt gewisse Wiederholungen und Überschneidungen unvermeidlich sind (Sepulcri 2012).

Jaspers unterscheidet bei den menschlichen Handlungen zwischen *bedingten* und *unbedingten Handlungen* (Jaspers 1973:292-300). Der *Selbstmord* wird von Jaspers bei den das *Dasein* überschreitenden, *unbedingten Handlungen* eingereiht.

Bei den *bedingten, das Dasein* nicht überschreitenden *Handlungen,* unterscheidet Jaspers ein unreflektiertes *triebhaftes Handeln,* ein berechnendes *Zweckhandeln* sowie ein aus Interessen und Zwecken hervorgehendes *vitales Handeln.* Diese Handlungen gründen ausschliesslich im *Dasein* des Menschen, sind die Folgen der Umsetzung von Lust, Reichtum und Macht. Mit anderen Worten umfassen die *bedingten Handlungen* die Lebensgier des Menschen. Sie treiben ihn an, finden im Augenblick ihre Befriedigung. Als naturhafte Triebhandlungen kennen sie kein endgültiges Ziel, keinen Endzweck, sind ohne Transzendenz.

Die *unbedingten, das Dasein überschreitenden Handlungen* hingegen sind Ausdruck seiner selbstbewussten *Existenz.* Im Gegensatz zum *Dasein* entzieht sich die *Existenz* einem empirischen Verständnis und Zugriff. Denn das *Dasein* lebt und stirbt, wohingegen die *Existenz* keinen Tod weiss und aus Freiheit da ist. Mit anderen Worten wird für Jaspers der Mensch in seinem *empirischen Dasein* mögliche *Existenz.* Durch Überschreitung des blossen *Daseins* weist die *Existenz* über sich hinaus in die *Transzendenz,* aber: „…auch Existenz ist nicht für sich allein und nicht alles; denn sie ist nur, wenn sie bezogen ist auf andere Existenz und auf Transzendenz, vor der als dem schlechthin Anderen sie sich bewusst wird, nicht durch sich selbst zu sein;…“ (Jaspers 1973:2). Wahre *Existenz* setzt also das *Dasein* und den bewussten, kommunikativen Bezug zum Mitmenschen voraus, und ist nicht *Transzendenz.* Der gelungene Vollzug der Existenz bedingt somit die Existenz des Anderen, denn niemand kann für sich alleine Existenz sein.

Das *unbedingte Handeln* ereignet sich in der Welt und vollzieht sich in den typischen *Grenzsituationen Tod, Schuld, Kampf* und *Leiden.* Explizit bemerkt Jaspers, was für das weitere Verständnis von Wichtigkeit ist, dass unbedingte Handlungen nicht zureichend definiert werden können (vgl. Jaspers 1973:294). Sie sind als *appellierendes signum,* als *Chiffre* bzw. *Geheimzeichen* nicht fasslich, ausser in der Umsetzung. Anders gesagt, nur in der bewusst verspürten Spannung im Handeln in einem als absolut empfundenen Dasein liegt als Wahrheit die unbedingte Handlung verborgen. Diese Unbedingtheit ist für Jaspers nicht aus den Zwecken der Welt verstehbar.

Unbedingte Handlungen wurzeln damit in einem Bereich jenseits einer rationalen Begründung. Damit wird das Unbedingte als Grund des Handelns nicht zu einer Sache der Erkenntnis, sondern Inhalt eines Glaubens schlechthin (vgl. Jaspers 1953:58). In Abgrenzung zur empirischen Psychologie, so Jaspers, lassen sich unbedingte Handlungen aber „…nicht unterscheiden von der unbekümmerten Vitalität, die nicht fragt, was sie eigentlich will“ (Jaspers 1973:294). Dies seine Begründung, warum unbedingte Handlungen nur indirekt, als *appellierendes signum* erfahrbar und nicht empirisch fassbar sind. Handelte der Mensch ausschliesslich aus seinem biologischen Dasein, aus blossem Naturgeschehen, lebte er lediglich das Leben eines Tieres. Für Jaspers gelingt aber nur dessen Leben, der es unter die Bedingung des moralisch gültigen stellt. Dieses Gültige wird verstanden als allgemeines Gesetz des moralisch richtigen Handelns. Die moralische Ebene wird noch ergänzt durch eine „ethische" und eine „metaphysische" Dimension, durch die „Wahrhaftigkeit der Motive" und die „Liebe" als bejahenden Grundbezug zur Welt. Mit Jaspers Worten: "Erst in der Einheit dieses Dreifachen geschieht die Verwirklichung des Unbedingten" (Jaspers 1953:64).

Nur diese Unbedingtheit macht also für Jaspers das Wagnis des Lebens begreiflich. Das in Zwecken gefangene Dasein muss die Bereitschaft zeigen, sein Leben für das rettungslos Vergängliche zu opfern. Wäre alles nur biologisches Dasein, wäre es für Jaspers sinnlos für etwas zu sterben, wäre doch dann das Leben nicht bloss die Vorbedingung jeden Daseins, sondern nichts könnte über ihm stehen. Nur in dieser Unbedingtheit wurzelt auch die Möglichkeit des Menschen radikal auf einzelne Möglichkeiten seiner Lebensverwirklichung zu verzichten, sich nichts entgehen zu lassen. Mit anderen Worten, der Mensch muss sich aus dem zweckhaften Dasein sein Selbstsein erkämpfen.

Einmal mehr unterstreicht Jaspers, dass der Mensch das einzige handelnde Wesen ist, das mit seinem Dasein brechen kann. Geborgenheit findet er nur jenseits der ihm gegebenen Biologie seines zweckverhafteten Daseins. Aber auch der Bruch mit seinem Dasein ist problematisch. Denn auch im Aufschwung zum Unbedingten bleibt er mit seinem physischen Körper verbunden, hat jedoch „unabsehbare Möglichkeiten" (Jaspers 1973:297). Der Mensch bleibt lebenslang ein offenes Wesen und ein Gegenstand der Wissenschaften. Erkenntnistheoretisch betrachtet erreichen die Wissenschaften das ihr Mögliche, indem sie das Unmögliche anstreben. Doch im Unterschied zu den Wissenschaften, so Jaspers, ist für den Menschen selbst das Unmögliche nicht unmöglich. Wohl kann der Mensch nur auf einer triebhaften und zweckgesteuerten Ebene leben, doch sein Menschsein kann er nicht verleugnen. Jaspers schliesst hier selbst den Verbrecher oder Geisteskranken mit ein. Denn ersterer steht im Kontrast zu einer „selbst auch fraglich(en)" Norm, letzterer lebt in einer selbstgeschaffenen Welt, die wie „ein ungeheures Fragezeichen vor dem gesunden Menschendasein steht" (Jaspers 1973:298). Diese Erscheinungen und jeder andere Verlust der Geschlossenheit tierischen Daseins sind noch kein Ausdruck des Unbedingten, weisen aber das Dasein in seiner Gebrochenheit auf seine Möglichkeit hin. Allein im Durchbruch eines fragwürdig gewordenen Daseins zum eigentlichen Sein zeigt sich Unbedingtheit in verschlüsselter Form. Explizit weist Jaspers darauf hin, dass an den herrschenden Ordnungen (Natur, Leben, Gesellschaft und Staat) gemessen, das Unbedingte konstitutiv ein kontingentes Element beinhaltet, das seinem „höheren Gesetz" folgend als „masslos", „sinnwidrig", gar „ruinös" erscheinen kann. Es setzt voraus, dass der Mensch aus den „Kreisläufen des nur Lebendingen" heraustritt. Doch wiederum gilt, dass kein Lebenswagnis, keine „unverbrüchliche Treue", kein „Selbstmord" als nachweisbare Fakten schon evidenter Ausdruck der Unbedingtheit sind. Gewinnt der Mensch sich nicht im Unbedingten, bleibt er existenziell sozusagen ‚auf der Strecke', bleibt ein verlorenes „Zwischenwesen" (vgl. Jaspers 1973:298-299).

Das *unbedingte Handeln* als Durchbrechen des Daseins erfolgt für Jaspers in *drei Richtungen*. Diese erhellen, machen das unbedingte Handeln im Bruch mit dem Dasein nach *drei Dimensionen* sichtbar. Zusammen vereint, scheinen sie auf keinen gemeinsamen Punkt ausgerichtet, gar sich gegenseitig aufzulösen.

Wie schon weiter oben angesprochen, unterscheidet Jaspers ein „ideenhaftes", ein „existentielles" und ein „transzendentales Handeln" (vgl. Jaspers.1973:299).

Unbedingtes Handeln will sich als etwas *ideenhaftes*, als ein *geistiges Ganzes der menschlichen Ordnungen* verwirklichen. Daraus resultiert etwas Positives für die ganze Gemeinschaft. Als Beispiel erwähnt Jaspers die Idee der Gerechtigkeit. Wenn auch identisch mit ihm, kann die *Unbedingtheit des existentiellen Handelns* das ideenhafte durchbrechen. Wiederum die Gerechtigkeit erwähnend, kann dieses Handeln für Jaspers bestehendes Recht infrage stellen. Am radikalsten ist die Wirkung *unbedingten transzendentalen Handelns*, weil im Vollzug potentiell selbst Existenz und Idee vernichtend.

Jaspers weist darauf hin, dass diese drei Dimensionen in jedem unbedingten menschlichen Handeln als Möglichkeit vorhanden sind: „Dieses nimmt Teil an Ideen, wird getragen von einer Existenz und ist bezogen auf Transzendenz" (Jaspers 1973:299). Aber auch unter Berücksichtigung der drei Handelsdimensionen bleibt *Unbedingtheit* letztendlich *undurchschaubar*. Wenn auch in ihr wurzelnd, weist das unbedingte Handeln über die Welt hinaus und scheint sich uns zu verlieren, wo es „die Welt schlicht aufgibt" (Jaspers 1973:300).

Wie kann nun der in eine *Grenzsituation* (Tod, Schuld, Leid, Kampf) geratene Mensch diese Herausforderungen meistern?

Der Mensch kann die Grenzsituation durch Verdrängung *verhüllen*, oder er stellt sich ihr durch *Aushalten*. Als weitere Möglichkeit hat er jene sie zu *überschreiten*, durch das Verlassen seines Daseins in eine unmittelbare Beziehung zur Gottheit, oder in einem absoluten Schritt, durch den *Selbstmord* (vgl. Jaspers 1973: 300).

Im Sinne einer Begriffsklärung erläutert Jaspers seinen expliziten Gebrauch der Vokabel *Selbstmord*. Der Gebrauch der Vokabel *Suizid* ist für Jaspers inadäquat, weil sie die Handlung der Selbsttötung in den Zuständigkeitsbereich der Psychiatrie verweise, ihr einen Anspruch von Objektivität und Wissenschaftlichkeit beimisst. Auch die Bezeichnung *Freitod* wird mit der Begründung verworfen, sie verbräme naiv die Komplexität des Phänomens. „Allein das Wort ‚Selbstmord' fordert unausweichlich, die Furchtbarkeit der Frage zugleich mit der Objektivität des Faktums gegenwärtig zu behalten:", schreibt Jaspers (Jaspers 1973:301). „Selbst" steht für das in Freiheit vernichtete Dasein, „Mord" für das gewaltsam Zerstörende eines in unveränderlicher Selbstbeziehung stehenden Menschen. Der Tod hingegen ist für Jaspers ein passives Auslöschen, ein ungewolltes Ereignis, das nur im natürlichen Tode, durch Krankheit und äussere Gewalten, stattfindet. Nur der Mensch wisse von der Möglichkeit des *Selbstmords*, der zur *Sphäre seiner Freiheit* gehöre.

Jaspers unterstreicht, dass diese Handlung nicht zwingend eine unbedingte sein müsse, geben doch wissenschaftliche Untersuchungen, wie z.B. Statistiken, nur Häufigkeitsverhältnisse an und keine „Anschauung der Einzelseele" (vgl. Jaspers 1973:302). Mit anderen Worten, Statistiken sagen etwas aus über ein Kollektiv, aber nichts über den Einzelfall. Im Zentrum Jaspers Interesses steht aber der Mensch als Individuum. Er misstraut dem Hinweis auf sogenannt tieferen Beweggründen, wie z. B. dem Selbstmord aus Lebensüberdruss, Leidenschaften, oder Drogenabhängigkeit. Jaspers erkennt darin mehr eine Typik für Hinterbliebene und Behörden, als eine psychologische Wirklichkeit der Selbstmörder. Nie kann für Jaspers ein einziger Beweggrund das Ereignis Selbstmord begreiflich machen. Zuletzt bleibe immer ein Geheimnis zurück, was jedoch nicht verhindern soll, das wissenschaftlich Erklärbare auch zu erforschen. Explizit verwirft Jaspers die These, der Selbstmord sei Ausdruck einer Geisteskrankheit. Die Frage nach den Motiven werde so als nichtig erklärt und der Selbstmord pathologisiert, d.h. aus der Welt des Gesunden ausgeschlossen. Jaspers will damit wohl sagen, dass der Selbstmord nicht naturalisierbar ist, wie das Fieber als Folge einer Infektionskrankheit (vgl. Jaspers 1973:302). Wohl könne der Selbstmord auf dem Boden einer organischen Krankheit erscheinen, setzte aber stets das Seelische des Menschen voraus. Wenn statistisch betrachtet auch gehäuft, ist für Jaspers der Selbstmord weder bei Geisteskranken, noch bei sogenannt abnormen Menschen unmittelbar aus ihrer Abnormität begreifbar. Geisteskrankheit und Psychopathologie schliessen Sinnhaftigkeit nicht aus. Für die *Existenz* im gegebenen *Dasein*, sind sie für Jaspers nur Ausdruck besonderer kausaler Bedingungen. Empirische Erkenntnisse der Psychopathologie grenzen an unfassbar wirkende kausale Faktoren und können letztlich den Menschen als Existenz nie erschöpfbar analysieren (vgl. Jaspers 1973:303). Anders ausgedrückt, die Wissenschaften können wohl erklären, aber nicht schlechthin verstehen.

Sich dem *Selbstmord* unter dem Aspekt der *unbedingten Handlung* annähernd, entwickelt Jaspers unter Zuhilfenahme einer abstrakten Kasuistik des Unbedingten seine *existentialistische Suizidtheorie*.

Ohne Rücksicht auf das Kasuistische, fragt Jaspers zuvor nach den Motiven des Selbstmords. Unverständlich sind nicht nur die *kausalen* Bedingungen des Seelenlebens im *Dasein*, sondern auch die *Unbedingtheit der Existenz*. Als unbedingte Handlung ist der Selbstmord weder allgemein kausalgesetzlich, noch im Einzelfall in einem unverkennbaren menschlichen Charakter schlüssig begreifbar. Er bleibt stets Ausdruck einer absoluten Einmaligkeit einer sich in ihm erfüllenden Existenz (vgl. Jaspers 1973:304). Als Gegenstand religiöser und ethischer Beurteilung wir die Unbedingtheit der Handlung abgelehnt, erlaubt oder gar gefordert. Sie ist insofern freie Handlung, wenn sie freie Handlung der Existenz in einer Grenzsituation ist. Aber selbst dann ist der Selbstmord nicht schlüssig *als* unbedingte Handlung, sondern nur in ihrer Bedingtheit aus Gründen erkennbar. Der Ursprung des Selbstmords, so Jaspers respektvoll, bleibt das imponderable Geheimnis des Einsamen. Die Unbedingtheit des Entschlusses lässt sich in seinem Ursprung über das Verständliche hinaus nur erahnen, niemals begreifen, bestenfalls erhellen (vgl. Jaspers 1973:304). Jede psychologische Autopsie scheint den Selbstmord erst verständlich zu machen, scheitert aber letztlich am Unverständlichen. Denn die Existenz des Selbstmörders verzweifelt in ihrer Grenzsituation am Sinn und Inhalt ihres in der Welt verwurzelten Daseins, was zur Negation des Lebens und zu seiner Auslöschung führt. Der Welt absagend, entledigt die negierende Freiheit durch Vernichtung ihrer selbst ihren letzten Resten an Substanz (vgl. Jaspers 1973:304).

Führte in diesem Fall letztendlich ein Mangel an innerem Gehalt zum Selbstmord, welcher in extremis die Möglichkeit der Wende nicht schaffte, erwähnt Jaspers als weitere Möglichkeit die der Verstrickung, die er jedoch als unbedingte Handlung ausschliesst.

Den Weg illustrierender Konstrukte fortführend, kommt Jaspers auf die Möglichkeit einer *positiven Nähe zum Nichts* und seiner *transzendenten Erfüllung* im Selbstmord zu sprechen. Wenn er sie auch akzeptiert, bleibt sie für Jaspers als unbedingte Handlung unverständlich. Sie lässt ihn mit der bohrenden Frage nach ihrem Wahrheitsgehalt zurück. Der Möglichkeit einer Erfüllung im Nichts begegnet er kritisch, weil missverständlich und daher gefährlich, kann sie doch dem Bewusstsein eines in seinen Motiven verstrickten Selbstmörders als täuschende Fassade dienen (vgl. Jaspers 1973:305).

Jaspers kommt so auf die *Freiheit des Negativen* und ihre Varianten zu sprechen. Bei einer unreifen Persönlichkeit kann eine experimentierende Selbstsuche zum Verlust des inneren Gleichgewichts führen, oder Folge lebensverneinender Vorstellungen zu einer Selbstverleugnung. Im Extremfall kann eine vermeintliche Selbstverwirklichung im Selbstmord enden. Bei diesem durch Selbstmord radikal verneinenden Weg, müsste seine Unbedingtheit in einer „inkommunikablen Transzendenz" verortet werden (vgl. Jaspers 1973:306).

Der Fall unerträglicher Alltagspflichten, verbunden mit einem dauernden Mangel an innerer Gratifikation kann ebenfalls zum Selbstmord führen. Eine unbefriedigende Lebenspraxis stehe hier in Kontrast zu den Vorstellungen eines besseren Lebens, die im Verlust eines Lebenssinns endet. Einen Unglücksfall vortäuschend, werde das Leben in einer Phase des Aufschwungs ausgelöscht, um dem unvermeidbaren Abschwung in eine als entwürdigend empfundene Alltagspraxis zuvorzukommen. Wie die Natur erschaffe und zerstöre, wäre dies für Jaspers ein Selbstmord, der in seiner Besonnenheit alle Kommunikation mit der Welt abbrechend, sich mit der Transzendenz des Nichts vereint. So gesehen könnte er als eine selbstzerstörende Lebensbejahung interpretiert werden (vgl. Jaspers 1973:306).

Hypothetisch die Argumentationen des Selbstmörders in der Grenzsituation durchspielend, was wegen der Unbedingtheit der Handlung nicht geschieht, führt bei Jaspers nicht unerwartet zum Schluss, dass sein Gelingen den Selbstmord zum begreiflichen Ende machen würde. Was letztendlich den Selbstmörder für oder gegen diesen letzten Schritt motiviert, müsse eine Frage möglichen Glaubens bleiben (vgl. Jaspers 1973:307). So mutiert für Jaspers die Frage nach dem Selbstmord in die Frage, warum der Mensch eigentlich am Leben bleibt.

Wiederum den Lebenstrieb erwähnend, spricht Jaspers von der *Vitalität,* von der unreflektierten *Lebenslust,* welche die Grundlage unseres menschlichen *Daseins* ausmacht. Diese animalische Form des Lebens, die weder nach Sinn, noch nach

Transzendenz frägt, begleitet uns in Selbstgenügsamkeit von Tag zu Tag (vgl. Jaspers 1973:307). Weil unser Leben sich grossmehrheitlich in der Form *vitalen Daseins* vollzieht, erschrecken wir zutiefst vor dem Selbstmörder, der im scheinbar plötzlichen Ergreifen seiner Freiheit, mit seiner Handlung diese Vitalität infrage stellt und vernichtet. Beunruhigend auch unser Wissen, dass diese blinde Vitalität eines Tages unvermeidlich mit einer *Grenzsituation* kollidiert und uns vor unbekannte Herausforderungen stellt.

Der Mensch hat aber die Möglichkeit, nicht nur *vital*, sondern auch *existierend* zu leben. Kraft unserer Selbstgewissheit gewinnt das Leben somit Symbolcharakter. Nicht ein Endzweck, eine Kette von Lebenszwecken hält uns am Leben, welche die Gegenwart von Transzendenz ermöglichen. Mit ihren absoluten Massstäben würde aber eine unendliche Kette von Möglichkeiten unsere Geschichtlichkeit vernichten und uns zur Daseinsverneinung treiben. Angesichts der Möglichkeit eines Selbstmordes wird das Leben nicht nur vital, sondern auch existentiell gefordert. Beschränkt sich diese Lebensverneinung, in anderen Worten wird das Scheitern ertragen, kann dieses ins Dasein aufgenommen werden ohne das ganze auszulöschen. Das auf Vitalität gründende Dasein verliert damit seinen Anspruch auf Absolutheit und das Leben gewinnt an Symbolcharakter. In seiner gewonnenen Relativität und ohne zu täuschen, wenn auch nur im erinnernden Rückblick, so Jaspers, kann man nun sagen: "wie es auch sei, das Leben, es ist gut" (Jaspers 1973:308).

Letztendlich ist der Entschluss zu leben, oder sich das Leben zu nehmen für Jaspers als Frage wesensverschieden. Der Selbstmord betrifft das ganze Leben. Das ‚am Leben bleiben' ist angesichts des Selbstmordes nur ein Unterlassen. Man lässt etwas bestehen, das man sich selber nicht gegeben hat. Das Leben kann man sich nicht in einer „Totalhandlung" geben, wie man es mit der Handlung des Selbstmords total vernichtet (vgl. Jaspers 1973:308).

Mit seiner abstrakten Kasuistik fortfahrend, relativiert Jaspers seine Aussage eines schlechthin guten Lebens, müsste diese den Selbstmord als gut mit einbeziehen. Er räumt ein, dass das Leben durch Umstände, Wandlung der Vitalität für die Existenz unerträglich werden kann (vgl. Jaspers 1973:308).

Im Falle schwerer körperlicher Erkrankung, kann laut Jaspers dem unerträglichen Leid ein Ende gemacht werden. Dies gewährt er auch dem um jede weitere Verwirklichung verbauten Einsamen, im Dasein sozial ausgeschlossenen und im als sinnlos empfundenen Leben selbstentfremdeten Menschen, der nach dem Ordnen seiner Angelegenheit, im Selbstmord seine letzte Lebensfreiheit wahrnimmt. Doch auch dieses Beispiel einer Grenzsituation mangelt für Jaspers an der Einsicht, dass erst das Ertragen derselben Transzendenz ermöglicht.

Zuletzt kommt Jaspers auf den Selbstmord als Folge einer Verstrickung, einer in der Grenzsituation nicht unbedingten Handlung, zu sprechen. Dieser Selbstmord ist für ihn psychologisch verständlich, hervorgegangen aus für den Betroffenen undurchsichtigen Motiven. Verstehen bedeutet den Weg der Verstrickung zu erkennen, sodass der Selbstmörder in diesem Fall nicht wirklich weiss, was er tut.

Seine existentielle Haltung in Helfen und Beurteilung erörternd, nimmt Jaspers abschliessend noch als Arzt *und* Philosoph zum Selbstmord Stellung. Im Falle von Selbstmordgefahr, spricht er sich ganz klar für ärztliche Hilfe aus. Diese Hilfe ist bei einer bedingten Handlung, die auf einer organischen und/oder psychiatrischen Erkrankung beruht, ganz Domäne des Mediziners. Erfolgt die Selbstmordhandlung hingegen aus Unbedingtheit, so ist grundsätzlich keine Hilfe möglich (Jaspers 1973:311). Der Selbstmord erfolgt in diesem Fall aus einer dem Arzt schlechthin unzugänglichen Weise, aus einem der Handlung vorausgegangenem Schweigen. Indirekte, aber potentiell gefährliche „Hilfe" wäre im Falle eines unentschlossenen, sich im Ungewissen der Grenzsituation befindenden Menschen. Vielleicht findet er erst in der Folge eines Gesprächs zur Selbstklärung und verübt dann Selbstmord. Statt seine Verstrickung aufzulösen, wurde im Gespräch die „Unbedingtheit des Nichts" im Willen des Selbstmörders geweckt.

Alle Handlungen die sich aus Grenzsituationen ergeben betreffen stets das einzelne Individuum. Sie entziehen sich einem Aussenstehenden, ausgenommen zwei Individuen finden sich in der gleichen Grenzsituation. Als Beispiel erwähnt Jaspers den Doppelmord Liebender. Da jenseits jeder Erwägung von Bewusstheit, kann niemand jemandem zureden, niemand jemandem betreffend einer unbedingten Handlung ansprechen. Errettung ist für Jaspers nur dann möglich, wenn Kommunikation gelingt, wenn Existenz in einer Grenzsituation einer anderen Existenz antwortet. Die rettende Antwort müsste so tief in die Seele der anderen Existenz greifen, wie ihr Nichtigkeitsgefühl des Daseins gründet. Diese rational unzugängliche Form existentieller Antwort umschreibt Jaspers als bedingungslose, radikale Liebe, unwiederholbar und einmalig (vgl. Jaspers 1973:312).

Wird der Selbstmord vollzogen, gemahnt Jaspers zu Toleranz und Zurückhaltung im Urteil. Denn hinweg über alle Kluft des Scheiterns in der Grenzsituation, spreche selbst durch die unbedingte Negation ein Sein. Allen nihilistischen

Anklagen zum Trotz, liefere der Selbstmörder durch seine Handlung geradezu den Gegenbeweis. Aus dem Leben scheidend, gibt der Selbstmörder nach Jaspers zu verstehen, dass er wolle, dass sein Leben einen Sinn habe und er in der Sinnlosigkeit nicht sich selbst zu sein vermochte. Dem Urteil, dass er ein Gebot Gottes verletzte widerspricht er, weil dies nur der Selbstmörder und sein Gott betreffe. Fühlt sich jemand vom Scheidenden im Stich gelassen oder verraten, frage er sich, inwieweit er durch mangelnde Kommunikation und Lieblosigkeit dazu beigetragen habe. Auch eine Pflichtverletzung gegenüber sich selbst verwirft Jaspers, da ein Geheimnis des Einzelnen. Nur ein Liebender, so Jaspers abschliessend, vermöge seines Blickes in den Abgrund einer nicht mitteilbaren Transzendenz, könne der Handlung urteillos begegnen.

Auf die Frage nach dem Gestattetsein des Selbstmordes um eine allgemein gültige Antwort ringend, gesteht Jaspers diesen dem Menschen in einem existenziellen Raum klarer Besonnenheit und Freiheit zu, wenn auch letztlich ein „existentielles Schaudern" zurückbleibt (vgl. Jaspers 1973:314).

5.2 ALBERT CAMUS UND DER SUIZID: Der Mythos von Sisyphos

Le Mythe de Sisyphe. Essai sur l'absurde, der vielleicht bekannteste philosophische Text über den Suizid, stammt von *Albert Camus* (1913-1960) und ist 1942 erschienen. Die Überschrift des ersten Kapitels seines Essays, worauf ich mich in dieser Arbeit beschränke, trägt die irritierende Überschrift: *Eine absurde Betrachtung*. Camus Begriff des *Absurden* bildet also die Ausgangslage seiner philosophischen Reflexion zum Suizid. Im Essay *Der Mythos von Sisyphos* untersucht Camus die Fragestellung, ob zwischen der Wahrnehmung des Absurden und dem Wunsch, sich zu töten ein Zusammenhang bestehe. Missverständnissen zuvorkommend, präzisiert Camus, dass sein Essay von einem *Sinn* für das Absurde handelt und keine Philosophie des Absurden sei.

„Es gibt nur ein wirklich ernstes philosophisches Problem: den Selbstmord. Sich entscheiden, ob das Leben es wert ist, gelebt zu werden oder nicht, heisst auf die Grundfrage der Philosophie antworten" (Camus 2014:15). Die einleitenden ersten zwei Sätze fassen Camus Ausgansposition konzis zusammen: die Sinn- und die Wertfrage des Lebens ist für ihn untrennbar mit der Frage des Suizides verschränkt. Erkenntnistheoretische Fragen, nach den Dimensionen der Welt oder nach der Anzahl Kategorien des Geistes, sind für Camus sekundär, gar Spielereien. Dass sich Menschen umbringen, weil sie das Leben für nicht lebenswert halten, ist für Camus eine Tatsache. In diesem Zusammenhang moniert er, dass man den Selbstmord, psychologisch-psychiatrischen Ursachen zuschreibend, immer nur als soziales Phänomen behandle. Was ihn interessiert ist, ob es eine Beziehung zwischen individuellem Denken und dem Selbstmord gibt. Für Camus bedeutet grundsätzlich ein Selbstmord ein *Geständnis*, nämlich jenes, dass man mit dem Leben nicht fertig wird, oder es nicht versteht. „Diese Entzweiung zwischen dem Menschen und seinem Leben, zwischen dem Handelnden und seinem Rahmen, genau das ist das Gefühl der Absurdität" (Camus 2014:18). Camus geht davon aus, dass eine direkte Verbindung zwischen dem Gefühl des Absurden und dem Wunsch sich umzubringen besteht. Ausgehend von dieser Vermutung gerät der Begriff des Absurden in den Mittelpunkt seiner weiteren philosophischen Reflexion.

Worin besteht denn für Camus das Problem des Absurden? Camus unterscheidet zwischen einem *Gefühl* und einem *Begriff des Absurden,* der sich allmählich durch das Bewusstwerden dieses Gefühls zu einem Wissen herauskristallisiert. Einmal bewusst geworden, lässt er den Menschen nicht mehr los. Die Gefühle der Absurdität sind breit gefächert, ihre Gemeinsamkeit nicht auf den ersten Blick evident. Das Absurde manifestiert sich in so unterschiedlichen Gefühlen, wie jenem der inneren Leere, der Ratlosigkeit, der Monotonie der Alltagsroutine, der Fremdheit gegenüber dieser Welt, der Unbehaglichkeit vor der Unmenschlichkeit des Menschen, der Einsamkeit, der Nutzlosigkeit unseres Strebens angesichts des Todes, um nur einige zu nennen. Selbst mit einer vollständigen Aufzählung der Gefühle die Absurdes enthalten, habe man jedoch das Absurde nicht erschöpft. Das Absurde sei die Undurchdringlichkeit und die Fremdheit der Welt, fasst Camus zusammen (vgl. Camus 2014:26). Diesen quälenden Gefühlen der Absurdität steht der Mensch mit seinem Bedürfnis nach Vertrautheit, mit seinem Verlangen nach Klarheit gegenüber. Die Welt verstehen bedeutet für Camus immer, sie auf das Menschliche schlechthin zurückzuführen. Doch der Mensch, der diese Wirklichkeit ernsthaft verstehen wolle, gebe sich erst dann zufrieden, wenn er sie auf Denkbegriffe zurückgeführt habe, denn „Alles Denken ist anthropomorph" (Camus 2014:29). Doch eine Welt in Menschengestalt, mit einem menschlichen Antlitz, ist nicht gegeben. Diese Welt bleibt für Camus nur ein menschliches Desiderat, denn das Universum leide und liebe nicht, das Wechselspiel seiner Erscheinungen lasse sich nicht in einem Prinzip zusammenfassen. „Diese Sehnsucht nach Einheit, dieses Verlangen nach Absolutem enthüllt die wesentliche Triebkraft des menschlichen Dramas" (Camus 2014:29), fasst Camus die gegebene Ausgangslage des Menschen zusammen.

Wissenschaftlich lassen sich die Naturphänomene zwar fassen, doch für Camus verlangt und dürstet es den Menschen nach mehr. Er will sich auf dieser Welt heimisch fühlen. Mit den Erklärungen der Wissenschaften werde er nicht satt, könne damit die Welt nicht ergreifen. Wenn ihm das so vorkomme, so sei das lediglich das trügerische Ergebnis einer „blinden Vernunft" (Camus 2014:33), die im Widerpart zum Verstand stehe. All diese Erklärungen „haben für einen aufrichtigen Menschen etwas Lächerliches. Sie haben mit dem Geist nichts zu tun" (Camus 2014: 33). Mit anderen Worten kann man sagen, wir können die Ereignisse in der Welt zwar erklären, aber nicht verstehen. Denn „Die Welt verstehen heisst für einen Menschen, sie auf das Menschliche zurückzuführen, ihr sein Siegel aufzudrücken" (Camus 2014:29). Für Camus steckt im Mensch das tiefe Verlangen, diese Welt in Analogie zu seinem Selbstverständnis zu verstehen. Aus dieser Perspektive betrachtet, bleibt ihm die Welt fremd.

In dieser Diskrepanz, in dieser Unverhältnismässigkeit zwischen dem Anspruch des Menschen, die Welt, in der er lebt zu erkennen und ihrer Unerkennbarkeit, liegt die Ursache für die Entstehung des Gefühls des Absurden. Für Camus steht fest, dass die Welt nicht vernünftig ist. Die Absurdität ergibt sich aber erst in der Konfrontation des um Erkenntnis ringenden Menschen mit der Unerkennbarkeit, im Zusammenstoss des Irrationalen der Welt, mit dem Verlangen nach Klarheit. Anders ausgedrückt, der Mensch und die Welt sind in Absurdität verbunden, leben in einem absurden Verhältnis.

Falls es überhaupt einen Ausweg aus dieser Sackgasse gibt, wie kann sich der Mensch aus dieser absurden Situation retten? Auf die Philosophiegeschichte zurückblickend, lässt Camus einige Denker (z.B. Kierkegaard, Heidegger, Jaspers, Husserl) Revue passieren, die alle von diesem „unaussprechlichen Universum, in dem Gegensatz, Widerspruch, Angst und Ohnmacht herrschen" (Camus 2014:36), ausgegangen sind. Nicht von ihrer Sehnsucht nach Einheit ablassen könnend, waren sie nicht willens die Fremdheit der Welt, mit intellektueller Redlichkeit auszuhalten. Camus wirft ihnen vor, dass sie in dem Masse in ihrem Denken getäuscht hätten, dass sie die Absurdität mit einem intellektuellen Trick schlichtweg ausgeschaltet hätten. Die Königsstrasse der Vernunft (vgl. Camus 2014:35) einmal gesperrt und verlassen, haben sie zugunsten ihrer Sehnsucht ihren geraden Weg zur Wahrheit konstruiert. Da sich die Absurdität als Folge eines Missverhältnisses zwischen zwei Gliedern ergibt, haben diese Denker die Absurdität so zum Verschwinden gebracht, indem sie eines der Glieder abgeschafft oder geleugnet haben.

Auf Kosten des Verstandes ein *sacrificium intellectus* vollziehend, rettet sich *Kierkegaard* mit einem denkerisch unbegründeten Sprung in den Christlichen Glauben (vgl. Camus 2014:50). Bei *Heidegger* kritisiert Camus, dass für diesen

„die Endlichkeit des menschlichen Daseins ursprünglicher sei als der Mensch selbst" (Camus 2014:36). Er beklage die Vergänglichkeit dieser absurden Welt und sei bemüht, mitten durch ihre Trümmer seinen Weg zur Wahrheit zu suchen. Indem er die unfassliche Einheit des Allgemeinen und des Besonderen postuliere, vollziehe *Jaspers* ohne Begründung einen Sprung in die Transzendenz. Camus sieht so in ihm einen Apostel des gedemütigten Denkens (vgl. Camus 2014:46). Mit der Forderung, dass die unendliche Vielfalt der Substanzen der unendlichen Vielfalt der Gegenstände einen Sinn verleihe, vertrete der Rationalist *Husserl* einen „abstrakten Polytheismus" (Camus 2014: 58). Auch Husserl vollführt für Camus einen abstrakten Sprung in eine „Metaphysik des Trostes" (Camus 2014:59). Alle diese Denker haben für Camus die Unverständlichkeit der Welt, seine Absurdität, ohne hinreichende Begründung geleugnet. Aus intellektueller Redlichkeit ist er nicht bereit, die Absurdität mit einer denkerischen Pirouette, mit einem inkohärenten denkerischen Sprung auszubooten. Das wäre für Camus philosophischer, also intellektueller Selbstmord. Es könne nicht darum gehen, durch eine Maskierung der Einsicht, das Absurde leichthin zu beseitigen. Ganz im Gegenteil. Camus fordert alles erklärt zu haben oder nichts: „Was ich nicht begreifen kann, ist ohne Vernunft" (Camus 2014:39). Das Absurde hat für ihn nur insofern einen Sinn, als er sich damit nicht abfinden will.

Nachdem Camus die Lösung des Absurditätsproblems durch einen unbegründeten intellektuellen Sprung von sich gewiesen hat, erwägt er als zweite Möglichkeit jene des physischen *Selbstmordes* (vgl. Camus 2014:40). Von der gegebenen Absurdität ausgehend stellt sich Camus nun die Frage, inwieweit der Selbstmord aus dieser herausführen kann, d.h. eine Lösung des Problems bedeutet. In erster Annäherung könnte man annehmen, dass der Selbstmord als logische Konsequenz daraus hervorgehe, um dann in einer zweiten Annäherung, zum gegenteiligen Schluss zu kommen.

Warum erkennt Camus im Selbstmord keine Antwort auf das Problem der Absurdität?

Den Selbstmord vollziehend, argumentiert Camus, schafft der Mensch nicht das Absurde an sich, sondern nur sich selbst aus der Welt. Er vollzieht nichts anderes als den kritisierten Sprung in die Transzendenz (vgl. Camus 2014:67). Das Problem des Absurden, welches direkt aus dem disproportionalen Verhältnis zwischen Mensch und Universum hervorgeht, wird durch den Selbstmord nicht gelöst, sondern, durch die Beseitigung eines ihrer beiden Glieder, dem Menschen, nur beseitigt.

Nachdem der Suizid auf die durch Absurdität gekennzeichnete Verbundenheit des Menschen mit seiner Welt als Lösung abgelehnt wird, findet Camus in der *Auflehnung,* in der *Revolte* gegen diese *Absurdität* eine für ihn gültige, dritte Antwort. Doch was versteht Camus genau unter der Revolte und inwiefern ist sie eine Antwort auf die Absurdität?

Camus ist nur gewillt, auf dem aufzubauen was er nicht leugnen und widerlegen kann. Nur einige wenige Wahrheiten zählen für ihn. So ist er auch bereit, auf einen für ihn unerkennbaren Sinn der Welt zu verzichten. Er akzeptiert die Unversöhnbarkeit seines Verlangens nach Einheit und die Unmöglichkeit, diese Welt auf ein vernunftgemässes, rationales Prinzip zurückzuführen (vgl. Camus 2014:64). Hoffnungslos, aber nicht verzweifelt will sich Camus der Absurdität der Welt stellen. Der Selbstmord, die Tröstungen der Religion und die massgeschneiderten Philosophien werden als gültige Antworten verworfen. Camus kommt zur Erkenntnis, dass er nur in der ununterbrochenen Auflehnung, in der permanenten Revolte gegen diese Absurdität eine philosophisch kohärente Position finden kann. Camus erkennt in der *Revolte* eine Chance, nämlich jene, dem Leben einen Wert zu geben (vgl. Camus 2014:68). So gesehen kann er den Kampf des menschlichen Stolzes gegen das Absurde, gegen das ihn Übermächtige und Überfordernde als Schauspiel seiner Intelligenz sogar geniessen. Kraft der Absurdität, seine Freiheit als illusorisch betrachtend und seine hoffnungslose Unfreiheit bejahend, will er sich nicht mehr um ihre Begrifflichkeit kümmern. Stattdessen will er sich ihrer Anwendung, ihrer Praxis widmen. Das Problem der Freiheit an sich habe keinen Sinn, denn „Die einzige Freiheit, die ich kenne, ist die des Geistes und des Handelns"(Camus 2014:70). Camus kann man dahin verstehen, dass der Mensch, um leben zu können ein Ziel in seinem Leben braucht. Besser als kein Ziel zu haben ist es eine Praxis zu haben, nämlich jene der ewigen Auflehnung gegen das Absurde. Mit anderen Worten kann man sagen, die Praxis ist das Ziel in Form einer permanenten Revolte, die im Kampf gegen die Absurdität dem Leben zu einem Wert verhilft. Der Mensch *erlebt* so nicht nur die Absurdität, er wird Teil von ihr, er wird ein *absurder Mensch* (vgl. Camus 2014:71).

In diese Richtung weist auch Camus Interpretation seiner literarischen Vorlage, der Sage des Mythos von Sisyphos. Sisyphos steht stellvertretend für den absurden Menschen, dazu verurteilt, einen Felsblock unablässig den Berg hinaufzuwälzen, von dessen Gipfel er kraft seines eigenen Gewichtes wieder hinunterrollt. Die Strafe in Form einer unnützen und aussichtslosen Arbeit, steht für das Absurde. Obwohl Sisyphos eine scheinbar zwecklose, geisttötende und somit unmenschliche Arbeit verrichten muss, dürfen wir ihn uns gemäss Camus nicht als einen verzweifelten und unglücklichen Menschen vorstellen. Durch das Ausharren in seiner widersprüchlichen, sprich absurden Aufgabe, geht er seiner Menschenwürde nicht verlustig: " Der Kampf gegen den Gipfel vermag ein Menschenherz auszufüllen. Wir müssen uns Sisyphos als einen glücklichen Menschen vorstellen" (Camus 2014:144).

Zusammenfassend verwirft Camus den Selbstmord als Antwort auf die Absurdität des Lebens schlechthin, anerkennt aber als einzige Realität des Lebens den *Tod*. Die Konfrontation mit der Absurdität erschüttert den Menschen tagtäglich. Spätestens nach dieser Erkenntnis ist er sich der Grenzen seiner Freiheit bewusst. An diesem Punkt angelangt verspürt er, dass er ohne Hoffnung und Trost, Gefangener der Absurdität und des Todes ist. „Was aber bedeutet das Leben in einem solchen Universum? Nichts anderes zunächst als die Gleichgültigkeit der Zukunft gegenüber und das leidenschaftliche Verlangen, alles Gegebene auszuschöpfen" (Camus 2014:73). War eine priorisierende Werteskala bislang die Voraussetzung eines sinnvollen Lebens, erweist sich diese im Angesicht der Absurdität als nichtig. Camus interessiert jetzt nur noch, wie er unwiderruflich leben kann. Wiederum wendet er sich dem Leben als Ausdruck des menschlichen Handelns zu. Der Glaube an das Absurde läuft in letzter Konsequenz daraufhin, dass *nicht so gut* wie möglich, sondern *so intensiv und so lange wie möglich* gelebt werden soll. Es geht nicht mehr darum, ein sinnvolles Leben zu führen, sondern darum, möglichst viele Jahre zu leben und ein Maximum an Erfahrungen zu sammeln. Die Güte des Lebens macht Platz einer *Fülle und Dichte des Lebens*, fasst Camus seinen neuen Grundsatz zusammen (vgl. Camus 2014:74).

5.3 JEAN AMÉRY UND DER SUIZID: Hand an sich legen. Diskurs über den Freitod.

In seinem 1976 erschienen Essay *Hand an sich legen. Diskurs über den Freitod* (Améry 2005:172-343), beschäftigt sich der österreichische Schriftsteller, Essayist und Philosoph Jean Améry intensiv mit der Suizidproblematik aus existentialistischer und biographischer Perspektive. Bekanntlich hat Améry (eigentlich Hans Mayer) den Holocaust überlebt und in den Jahren 1943 und 1974 einen Suizidversuch unternommen, der ihm zwei Jahre nach Erscheinen dieses Werkes gelungen ist. Damit stellt sich die heikle Frage, inwieweit die Holocausterfahrung Amérys Leben und Denken traumatisiert haben und sein Suizid eine Spätfolge dieser zeichnenden Erfahrung ist. Améry wiederspricht dieser Betrachtungsweise vehement. Inwieweit ihm gelungen ist, die Suizidfrage aus einer psychologisch-psychiatrischen, sprich klinischen Sichtweise zu entreissen ist nicht Inhalt meiner Arbeit und wird nicht weiter verfolgt.

Auf die umfangreiche Literatur über den Suizid hinweisend, macht Améry im programmatischen Vorwort (vgl. Améry 2005:179-181) darauf aufmerksam, dass sein Werk explizit keine wissenschaftlichen Ambitionen hege. Ausdrücklich distanziert er sich auch von einer Apologie des Freitodes. Sein Werk beginne erst dort, wo die wissenschaftliche Suizidologie ende. Auf Empathie abstützend möchte er die Selbsttötung aus dem Inneren des Suizidärs erfassen. Ausgehend von seiner absurden und paradoxen Befindlichkeit, will er den unauflöslichen Widersprüchen der *Condition humaine* nachgehen und von ihnen Zeugnis ablegen, dies im Bewusstsein der Grenzen der Sprache, so ausdrücklich auf seine Sprachskepsis verweisend.

Das *erste Kapitel, „Vor dem Absprung"* beginnt mit einer *Begriffsklärung.* Améry lehnt den alltagssprachlichen Begriff *Selbstmord* ab und zieht den Begriff *Freitod* vor. Er weist darauf hin, dass der Freitod oft im Schraubstock der Zwänge stehe, doch es sei immer ein *Ich* das Hand an sich lege. Im Bevorzugen des Begriffs Freitod ist Amérys *zentrale These* enthalten, dass die *Selbsttötung immer eine freie Todesar*t ist und als solche kein Mord sein kann. Konsequent spricht er auch nicht von einem *Selbstmörder,* sondern in Anlehnung an die französische Sprache von einem *Suizidär,* für denjenigen, der einen Suizid erwägt und von einem *Suizidanten,* für denjenigen, der ihn vollzieht.

Illustrativ auf *Beispiele* aus der Presse (unglücklich verliebtes Hausmädchen) bekannte Persönlichkeiten (Cesare Pavese, Paul Celan) und fiktiv literarische Personen (Schnitzlers Leutnant Gustl) hinweisend möchte er zeigen, dass trotz aller *biographischen Unterschiede* vor dem Freitod stets das gleiche *Gefühl des Nicht-mehr-weiter-Könnens* die Ausganslage prägt.

Ausdrücklich wird auf die *Gleichheit der Suizidanten vor dem Absprung* verwiesen. Der Moment des Absprungs ist für Améry derjenige Moment, in welchem der Suizidant am extremsten und am wahrsten lebte. Er verleiht seiner Existenz mehr Intensität, seiner Persönlichkeit mehr Authentizität, dies mit der Begründung, dass jeder Zeitabschnitt der menschlichen Existenz seine ihm eigene Logik und Ehre habe. Der zeitliche Prozess beinhaltet nicht nur einen Reifungsprozess, sondern auch einen *Sterbensprozess,* ungeachtet, ob der Suizidant den Selbsttötungsversuch überlebt hat. Auch eine erfolgreiche Therapie macht ihn nicht zu einem besseren oder würdigeren Menschen, lediglich zu einem anderen Menschen.

Als neue Begriffe führt Amèry den der *Lebenslogik* und den der *Todeslogik* ein, an deren Schnittstelle der Absprung steht. „Der Akt des Absprungs aber, wiewohl er noch psychologischer Impulse voll ist, kann nicht mehr psychologischer Einsicht offenstehen, da ja hier mit der Logik des Lebens und damit auch der Psychologie gebrochen wird" (Améry 2005:200). Einen naturalisierten Begriff der Lebenslogik vertretend weist er darauf hin, dass der Mensch, auf Verhaltensforschung und jüngste Physik verweisend, auf das Leben und ihre Logik programmiert ist.

"Muss man leben?" (Améry 2005:195), fragt Améry radikal, an einen modernen Hamlet gemahnend. Die Antwort des Suizidanten ist ein Nein. Die *Todeslogik* verortet Améry in keinem üblichen, allein der Vernunft standhaltenden Sinne. Dass das Leben der Güter höchstes ist, bestreitet er. Die *Lebenslogik* greift nur, solange man noch ans Leben gebunden ist. Sich der Schwäche und Grenzen seines begrifflichen Abmühens bewusst, verweist Améry auf das Mysterium und die logische Widersprüchlichkeit in der zu verteidigenden *Todeslogik*. Er ist fest überzeugt, dass der Diskurs über den Freitod erst dort einsetzt, wo die Psychologie endet. Das Resultat ist ein ambivalentes Verhalten des Suizidanten, das ihn bis zuletzt zwischen Leben und Tod, zwischen *Lebenslogik* und *Todeslogik* schwanken lässt.

Im ersten Kapitel verwendet Améry den in der Existentialphilosophie relevanten Begriff der *Absurdität*. Ausdrücklich meint er damit nicht die Absurdität der psychologischen Motive (Améry 2005:196) der Suizidanten. Für Amérys Verständnis der Absurdität ist *auch* die Verfassung des Suizidanten absurd. Er weist darauf hin, dass dieser Begriff nicht seine Erfindung ist und sich in ihm die *extremste Niedertracht der condition humaine* ausdrückt (vgl. Améry 2005:211).

Obwohl Améry nicht explizit auf den im Existentialismus verwendeten Begriff des religiösen Ereignisses hinweist, kommt er auf den *religiösen*, christlich sozialisierten *Menschen* zu sprechen (vgl. Améry 2005:204), dies deswegen, weil er nur noch eine Minderheit tief im Glauben verankert erkennt. Er weist darauf hin, dass der Mensch als Lebender und als Suizidär seiner selbst walte und der göttlichen Macht keine Chance gebe. Der Mensch vor dem Absprung sei stets der gleiche, gläubig oder nicht.

Zu Beginn des zweiten Kapitels, *„Wie natürlich ist der Tod"*, stehen die Begriffe *Natur* und *Norm* im Mittelpunk. Améry unterscheidet zwischen einem natürlichen und einem wiedernatürlichen Tod. Der Begriff *natürlich* kann für Améry so ausgelegt werden, dass man ihn von Natur ableitet, worunter sich sämtliche

Kausalvorgänge der Aussenwelt subsummieren. Da der Tod die natürliche Begrenzung eines jeden Menschenlebens ist, kommt Améry zum Schluss, dass gemäss seiner Definition der *Tod immer natürlich* ist (vgl. Améry 2005:222). Alltagssprachlich interpretiert gilt aber als natürlich dasjenige, was von einer Mehrheit der Gesellschaft zu einer bestimmten Zeit als natürlich angesehen wird. Mit dieser Definition wird der natürliche Tod zum normativen Begriff. Statistische und damit quantitative Aspekte bestimmen, was natürlich ist. Ein natürlicher Tod ist somit ein häufig vorkommender Tod, wie der eines Greisen, ein unnatürlicher, der eines Jugendlichen.

Améry behauptet nun, dass die Frage nach der Natürlichkeit des Todes jetzt eine völlig neue, unbekannte Perspektive bekomme (vgl. Améry 2005:224). Denn sei der Betroffene dem Tod als natürliches Ereignis bisher nicht begegnet, erscheine der Suizid jetzt erst recht als etwas Ungeheuerliches. Mit der Kenntnis des Freitods erfahre er vom *échec*. Im Diskurs über den Freitod bedeutet der Moment des *échec* das auslösende Moment, womit Améry den zentralen Begriff des Scheiterns und Misserfolges einführt (vgl. Améry 2005:225). Dieser schicksalhafte *échec* steht als Drohung im Hintergrund jeder Existenz. Wenn auch auf eine entwürdigende, unnatürliche Art und Weise könne der Mensch damit leben. Damit gilt die Sorge des Einzelnen ständig darauf bedacht zu sein nicht zu scheitern, seine Würde nicht zu verlieren. Im Alltag regle das die Gesellschaft mit ihren Konventionen. Améry unterscheidet im potentiell zum Freitod führenden Schicksalsbegriff *échec* grundsätzlich zwei Formen: jene des échec *im* Leben, von jener des échec *des* Lebens (vgl. Améry 2005:231). Auf erstere wurde bereits eingegangen. Die zweite Form des *échec* bezieht sich auf das Leben schlechthin. Der Mensch kann sich abmühen wie er auch will, „denn eines Tages wird die Welt, die man in sich trug, die *ganze Welt*, untergehen" (Améry 2005:226).

Für Améry muss dem *échec* ein Gefühl des *Ekels* vorausgehen, wiederum ein wichtiger Begriff der Existentialphilosophie, der aus den individuellen Unzumutbarkeiten des Lebens resultiert. Lässt sich dieser *Ekel* nicht überwinden, droht der *échec* und mit ihm der *Freitod*.

In Anlehnung an Jean Baechlers Werk, *Tod durch eigene Hand* (Baechler 1981), richtungsweisend in Amérys Einschätzung des suizidologischen Diskurses seiner Zeit, führt er den Begriff der *Humanität* und jenen der *Dignität* ein. Menschlichkeit und Würde sind unvereinbar mit dem *échec*. Um diese zu bewahren, „erhebt sich der Mensch im Namen seines Menschentums und reisst den Tod an sich heran" (Améry 2005:229). Es muss betont werden, dass Améry im Freitod kein grundsätzliches Nein zum Leben sieht, sondern ein Nein zu den widrigen Lebensumständen, die in letzter Konsequenz, im Sinne einer Bewahrung seiner Würde und Menschlichkeit, zum Freitod führen.

Amèrys Kritik gilt auch der Philosophie, denn er kommt zum Schluss, dass es darum gehe, „den Freitod als ebenso natürlich oder ebenso unnatürlich wie jederlei Tod zu rehabilitieren. Dies vor allem gesellschaftlich, denn der Tod, frei oder nicht, ist philosophisch nicht zu verteidigen" (Améry 2005:236). Er fordert ausdrücklich eine *neue Bewegung*, die sich zum Ziel setzt, in der *Anerkennung der Freiheit zum Freitod* ein unveräusserliches *Menschenrecht* anzuerkennen. Hilfeleistung, wenn auch nicht ausreichende, sieht er bei Antipsychiatern, den Philosophen Michel Foucault, Deleuze und Guattari, vor denen er aber auch ausdrücklich warnt, teilt er ihre Grundkonzeption des Geistesleidens als Ausdruck einer Krankheit der Gesellschaft nur mit Vorbehalt (vgl. Améry 2005:238). Indem er immer wieder auf die Stellung des Suizidärs/Suizidenten in der Gesellschaft zu sprechen kommt, bezeugt Améry wiederholt, dass das Individuum immer als Mitglied einer Gesellschaft gesehen werden muss. Als Mitglied dieser Gesellschaft hat er das Recht auf seine Subjektivität, ist aber unverbrüchlich ihrer Normativität ausgesetzt, die ihn in Konflikt bringt. Er beharrt auf eine Sichtweise, die im Suizid weder eine Krankheit, noch einen anderen therapiebedürftigen Mangel erkennt. Emphatisch weist er darauf hin, dass auch der Suizid ein natürlicher Tod ist, nämlich "Das schmetternde Nein zum schmetternden, zerschmetternden échec des Daseins" (Améry 2005:245). In diesem extremen Handeln erkennt er einen souveränen Entscheid des Subjektes für sich, aber nicht gegen die Gesellschaft.

„Hand an sich legen", das dritte Kapitel, befasst sich hauptsächlich mit dem Verhältnis vom Ich zum eigenen Körper. Thematisiert wird die eigentliche Handlung des Suizids. Améry geht von der Tatsache aus, dass ein Ich und ein Körper zerstört werden, nämlich vom gleichen Ich und demselben Körper (vgl. Améry 2005:248). Die Beziehung von Körper und Ich reflektierend, erkennt er darin ein Rätsel unseres Lebens, gar den mysteriösesten Komplex unserer Existenz. Sartre zitierend, bezeichnet es Amèry als das Unbeachtete („le négligé"), das mit Stillschweigen Übergangene („le passé sous silence"), dasjenige, wovon kaum einer spricht (vgl. Améry 2005:248). Das Ich befindet sich im und zugleich ausserhalb des Körpers. In der Folge entwickelt Améry eine kleine Phänomenologie unserer Körperwahrnehmung, womit er seine existentialistische Wahrnehmung auf sein Thema betont. Vom Freitod sprechend weist er darauf hin, dass wir in diesem kritischen Augenblick unseren Körper als Ganzes wahr-

nehmen, als den Träger unseres Ichs. Im Zentrum seiner Überlegung stehen der Kopf und die verschiedenen Möglichkeiten sich zu töten (z.B. Freitod durch Sturz aus dem Balkon), die er revueartig passieren lässt. Die Bedeutung des Kopfes, des Gehirnes reflektierend und dem Wissen um seine „Herrscherlichkeit", vermutet er in ihm den Sitz unseres Ich, nicht das gesamte, aber „der phänomenal als ranghöchst urerfahrene Teil" (Améry 2005:252).

Améry spitzt nun seinen Diskurs auf die eigentliche Handlung, auf den exitus letalis zu. Die Ambivalenz des Suizidanten herausstreichend, weist er darauf hin, dass wenn wir uns im Akt der Selbstauslöschung total verwirklichen, ein sich nie zuvor gekanntes Glücksgefühl einstellt. Die kontradiktorische Grundverfassung des Menschen begleitet ihn jedoch bis zuletzt.

Den von Sigmund Freud postulierten *Todestrieb* verweist Améry ins Reich der Spekulation. Er erkennt darin nur einen Begriff einer neuen und hypothetischen psychologischen Sichtweise, die er für seinen Denkansatz des Suizids als untauglich abweist. Den Begriff *Todestrieb* kritisiert er als widersinnig, denn ein Trieb führe nie ins Leere, sondern stosse in die wuchernde Fülle des Seins. Im Lebensekel wird das Sein, nach dem der Trieb uns treibt, gerade eben negiert (vgl. Améry 2005:260). Die Zuneigung zum Leben gebe im speziellen Fall der Todesneigung nach. Selbst auf dem Weg zum Freitod unterliege ein Suizidant dem Seins- und Lebenswillen, gebe aber schlussendlich gegen den Lebenstrieb der Todesneigung nach.

Im kreisenden Diskurs über den Begriff des Todes und des Suizides erwähnt Améry auch einen eigenen Suizidversuch. Im Nachhinein beurteilt er seine Rettung als etwas vom Schlimmsten, was ihm zeitlebens zugefügt wurde. In einer Zwischenbilanz macht er sich keine Illusionen, denn weder durch sein privates Erlebnis, noch durch sein Gespräch über den Tod, werde er zu überzeugen wissen. Mit seinem Erlebnis und seinem Diskurs wolle er eher bezeugen, denn überzeugen (vgl. Améry 2005:265).

Aus einer existenzialphilosophischen und auch aus ärztlicher Sicht fruchtbaren Perspektive wird die Unterscheidung der Quasi-Suizidäre, von echten Suizidären und Suizidanten vorgenommen (vgl. Améry 2005:270). Unter Quasi-Suizidären versteht er Menschen, die sich „zu Tode rackern", wie auch Helden und Märtyrer. Diese will er klar von Suizidären/Suizidanten unterschieden wissen. Die Quasi-Suizidäre kennen den Moment des Absprungs nicht, und die Freiwilligkeit ihres Todes ist stets nur eine halbe. Anders gesagt, zeigen Quasi-

Suizidäre nur ein Risikoverhalten, das zum Tode führen kann (z.B. Kettenrauchen, Soldaten).

Als weiteren Begriff führt Améry einen phänomenologischen Begriff der *Zeit* ein. Als Auftakt zum Thema erwähnt er das Eintreten des vom Suizidanten frei gewählten Augenblicks, an dem er Hand an sich legt. Unheimlicher noch als die Hatz nach dem Ich (vgl. Améry 2005:272), empfindet Améry die in vielerlei Gestalt an den Suizidanten tretende *Zeit*. Die Todesstunde einmal festgelegt, verspürt er die Zeit auf ihm lasten. Er trage die Restzeit in sich und widerspreche der kritisierten Ansicht Sigmund Freuds, der dem Unbewussten ein Erkennen der Zeit abspricht, das ohne Chronologie die Ereignisse nur aufreihe. Für Améry ist die Zeit immer im Bewusstsein präsent. Wenn es wahr sei, dass das Ich Welt und Raum ist, so Améry, dann ist es auch Zeit. In seinem Verständnis der Zeit ist es der Körper, der sie verspürt, relativ und absolut. *Relativ* aus der Perspektive der Körperfunktionen (Herzschlag, Atemzug, Schlaf und Wachen), als sei sie keine und umkehrbar (z.B. wenn man nach Jahren wieder am gleichen Ort, dasselbe Hotel und gleiche Hotelzimmer bucht). Doch der Körper wisse es besser. Ohne ein Bewusstsein der Entropie wisse der Mensch beim Auftreten einer Krankheit um seine Hinfälligkeit. Dann werde die relativ irreversible Zeit des Alltags, wie sie die Alltagsroutine vortäusche, vom Sterbenden als absolut und unumkehrbar erfahren. Dem Suizidenten werde bewusst, dass er in x Minuten tot sein werde und revoltiere. Der Geist dränge sich dagegen auf, wolle nicht aus der Zeit gerissen werden, erinnere sich seiner Allgegenwärtigkeit des ihm zugehörenden Körper-Raumes, der verriegelt werden soll. Der Freitod setzt ihm ein Ende. Améry führt jetzt den Begriff der *absoluten* Zeit ein, die sich einstellt, wenn Körper und Geist um die ultimative Illusionslosigkeit jedes Aufschubs wissen. Er beschreibt dies als einen Prozess zeitlicher Kompression als Geistes- und Körperlast, der Sekunde um Sekunde unerträglicher wird und nach Erreichen völliger Absolutheit, zur Nichtzeit wird.

Am Schluss des Kapitels spitzt Améry unter Einbezug philosophischer Theorien (Heidegger: das Sein des Daseins als Sorge) und von Anleihen aus dem Gebiet der theoretischen Physik auf das Finale des Hand an sich legen zu (vgl. Améry 2005:275-279). Ein letztes Mal verweist er auf die Dignität des Suizidanten in seinem Entschluss, sich nicht wieder der Unzumutbarkeit des entfremdeten Alltags auszusetzten. Das Schlimmste wäre jetzt zu versagen und sich damit einem sich *perpetuierenden échec* auszusetzten.

Im vierten Kapitel, *„Sich selbst gehören"*, geht Améry genauer auf das Verhältnis von Suizidär/Suizidanten und Gesellschaft ein. Er wirft ihr vor, sich wenig um ihn zu kümmern. Erst beim Versuch seine Todesneigung umzusetzen, kümmert sich die Medizin um ihn und wird Opfer des ärztlichen Berufsehrgeizes. Améry stellt hier die grundsätzliche Frage nach der Zugehörigkeit des Menschen (vgl. Améry 2005:281). Weil bevormundend, verbietet er sich eine Vereinnahmung durch Gesellschaft und Religion. Er kritisiert den Philosophen Kant, weil seine kategorische Pflichtvorstellung den Freitod verwirft. Er moniert, dass nur wenige, gesellschaftlich irrelevante philosophische Schulen den Freitod anerkennen (Epikur, Seneca, Diderot) und folgert daraus, dass der Freitod eine hochindividuelle Sache ist, mit der letztlich der „Mensch mit sich allein ist, vor der die Sozietät zu schweigen hat" (Améry 200:284). Früher von der Gesellschaft als Verbrechen gebrandmarkt und von der Kirche mit dem Bannfluch belegt, sind heute an ihrer Stelle Soziologie, Psychiatrie und Psychologie getreten, die den Freitod pathologisiert haben. Die Wissenschaft erkennt im Suizidversuch einen Hilfeschrei. Diese These nicht grundsätzlich von sich weisend sagt Améry, dass der Freitod fast immer auch Appell, eine *Botschaft* ist. Die wissenschaftlichen Theorien sichtend bestätigt er, dass es diesen „Appell" nicht nur gibt, sondern viele Suizide oder Suizidversuche als „Aufschrei aus der Nacht des widrigen Seins angesehen werden dürfen" (Améry 2005:294). Darin will er jedoch reine Erpressungssuizide, Rachesuizide oder Erpressungsversuche erkennen. Bei gelungenem Freitod und bei widerwillig geretteten Suizidanten erkennt er keinen Hilferuf, sondern eine Botschaft. Die Interpretation, die Auslegung der Botschaft könne nur der betroffene Mitmensch leisten. Diese könne aber auch abstrakt, d.h. unfassbar bleiben und lasse damit auch offen, ob sie ankomme.

Empirisch gelagerte Erklärungen zu entkräften versuchend, stösst Améry zu einem weiteren für den Existentialismus wichtigen Begriff, nämlich den der *existentiellen Einsamkeit*. Negativ angetan von der Äusserung eines Teilnehmers an einem Kolloquium zum Thema *Selbstmord*, „Nur derjenige gibt sich den Tod, der keine Hoffnung mehr auf Liebe hat" (Améry 2005:302), setzt Améry entgegen, dass dies weder klinisch noch statistisch zu belegen sei. Auch ein Zuviel an Liebe kann unerträglich sein. Worüber in diesem Zusammenhang mit gerechtfertigter Überzeugung gesprochen werden kann, sei die *existentielle Einsamkeit* des Einzelnen. Diese sei unmittelbar und zu jeder Zeit gegeben. Es liegt ein zweifaches Ausgeliefertsein an den Anderen vor, nämlich nach dem wir uns sehnen und uns richtet und nach jenem den wir richten. Der Andere könne auch als ungreifbar, als transzendentales Objekt das sich hinter der „Welt" verbirgt verstanden werden. Offenbar meint Améry damit alles, was den Einzelnen in seiner Subjektivität potentiell bedrohen kann. Die *Einsamkeit* des Einzelnen wird als eine *existentielle Fundamentalkondition* des Subjektes begriffen. Wenn er den Begriff der Liebe kritisiert, weitet sich Amérys radikaler Skeptizismus auch auf das Zwischenmenschliche aus. Der Mensch könne weder lieben noch hassen, ist seine Überzeugung. Wer das tue, tue dies immer mittelbar, flüchtig und immer auf Wiederruf (vgl. Améry 2005:305). Sarkastisch bemerkt er, dass auch der Elendste seine Ehrenstunden hatte. Das helfe aber nicht weiter, wenn uns der Weltekel befalle und die Todesneigung überwältige.

Die Frage nach einer Innenwelt im Verhältnis zu einer Aussenwelt erklärt er schlicht als gegenstandslos. Gegen den Verdacht einer narzisstischen Sichtweise wehrt er sich mit der Behauptung, dass jedermann narzisstisch sei und somit niemand. Die real existierende Welt, mit ihren Anmassungen und Zumutungen, sei nicht unsere Welt. Améry erhebt den Anspruch aus dieser Welt auswählen zu dürfen und abzuweisen, was ihn bedrängt: „Es gibt nur das von mir Aufgesaugte, der Rest ist scheussliches Exkrement" (Améry 2005:307). Ein vorhandenes Realitätsprinzip, ein Oppressionsinstrument, verwirft er als reines Machtinstrument der Gesellschaft. Sein Massstab bleibt das Individuum, das unter allen Umständen recht behalte. Für diesen Widerspruch gebe es nur eine Lösung, die Erlösung unserer Existenz. Im Entschluss des Suizidanten erkennt Amèry kein Heldentum, schon gar keine Erkenntnistheorie.

Das letzte Kapitel, *„Der Weg ins Freie"*, entpuppt sich als Fluchtpunkt des ganzen Essays. Der *Freitod* wird als ein *Akt der Freiheit* verstanden, damit wiederum einen zentralen Begriff des existentialistischen Vokabulars aufgreifend.

Es sind Amérys Erinnerungen an seine Zelle in der Nazizeit, an sein damaliges Verlangen nach Atemfreiheit, die den Ausgangspunkt zum letzten Teil des Diskurses bilden. Darauf aufbauend versucht er seinen Begriff der *Freiheit* zu naturalisieren, indem er ihn aus seiner damaligen physischen Erfahrung entwickelt. Sich an seine räumliche und körperliche Einengung zurück erinnernd, schreibt er: "Wieder die vor Jahre gefasste Idee, es sei jegliches Freiheitsverlangen rückführbar auf den physisch bedingten und unabdingbaren Wunsch nach *Atemfreiheit"* (Améry 2005:312). Er warnt explizit diese Freiheitsforderung nur auf einen Sauerstoffmangel einzuengen. Er weist darauf hin, dass für sein Verständnis jede Freiheit streng durch ihre korrelative *Unfreiheit* bedingt ist, nämlich durch teils natürlich gegebenen Grenzen (z.B. körperlicher Kraft), teils durch wandelbare Grenzen in der Gesellschaft (z.B. Institutionen). Diese stellt er grundsätzlich infrage und sieht sie als provisorisch gegeben. So ist die politische Freiheit keine Chimäre, weil überall dort, wo sie eingeschränkt wird, der Wunsch nach ihr erwacht. Die Freiheit ist für Améry ein sich perpetuierender Prozess und dessen Einschränkung für den Menschen unerträglich (vgl. Améry 2005:314). Die der Freiheit inhärente Dynamik ist für seine Begriffe konstruktiv, wie destruktiv. „Und da Befreiung Zerstörung ist, findet sie ihre äusserste mögliche Bekräftigung im Freitod" (Améry 2005:315). Damit unterstreicht er das konstitutiv grenzenlose und destruktive Element seines Freiheitsbegriffes. Den Freiheitsbegriff weiter ausdifferenzierend kritisiert Améry die übliche Unterscheidung zwischen der Freiheit *von* etwas, von der Freiheit *zu* etwas. Das prozesshaft Dynamische seines Begriffes hervorhebend, sind für ihn beide eins. *Freiheit von* etwas bedeute *immer* auch die Freiheit *zu* etwas, nämlich zu dem, was der Einzelne will.

Das Paradoxe ist aber, so Amèry, dass es sich beim Freitod zwar um eine Freiheit *von* etwas, aber *nicht* zu etwas handelt. Er sieht sich hier mit der grossen Schwierigkeit seines Diskurses um den Freitod konfrontiert (vgl. Améry 2005:321). Wenn der Freitod als solcher auch als sinnlos erscheinen mag, so gilt dies jedoch nicht für den *Entschluss* zu diesem. Noch nicht der Logik des Todes untertan, wird dieser Entschluss nicht nur in Freiheit gefasst, er mache uns auch frei. Améry lässt die Frage offen, ob dies Flucht oder Ausflucht bedeute. Voraussetzung des Entschlusses als ein Akt der Befreiung ist jedoch, dass dem Suizidär *ernst* in seiner Intention ist. Denn in seinem Ernst bewahre er seine *Authentizität*.

Was die *Religion* anbelangt, verwirft Améry selbst jeden Gottesgedanken. Den Begriff Gott lehnt er ab, da anschauungslos und damit leer. Er reiht ihn ein mit dem Begriff des Absoluten, indem er in diesem nur ein Wort erkennt, als Konstrukt eines irrealisierenden Bedürfnisses (vgl. Améry 2005:340).

Zuletzt erinnert Améry nochmals daran, dass nur eine sehr kleine Anzahl von Menschen den Lebensekel und damit eine Todesneigung verspüre. Biologie und gesellschaftliche Normen verhelfen ihm zu einem inneren Gleichgewicht, selbst zum Preis ständiger Lebenslügen. Die grosse Mehrheit arrangiere sich mit ihrem Leben, lebe um zu sterben, in ergebener Erwartung des Todes. Améry anerkennt diese Realität, nimmt aber Position für die Minderheit der Suizidanten, für ihre absurde Freitod-Kontradiktion, ihre Freiheit zum Nichts. Wer in einem absurden Gesamtsystem absurden Widerstand leiste, schreibt Améry, sei zwar deswegen kein Held, verdiene aber auch keine Schmähung, sondern Respekt für sein Tun und Lassen.

6 REFLEXION DER DREI EXISTENTIALISTISCHEN POSITIONEN

In diesem Teil meiner Arbeit sollen die Stellungsnahmen der drei existentialistischen Philosophen in Bezug auf ihre Bedeutung für das Phänomen Suizid erörtert werden. Auf eine Wiederholung der Literaturhinweise wird bewusst verzich-
tet und auf die weiter oben besprochenen Texte verwiesen.

Ein zentraler Aspekt in **Karl Jaspers** Diskurs zum Selbstmord, wie er die Handlung der Selbsttötung bewusst bezeichnet, ist sein komplexer Begriff der Freiheit. Diese empirisch ungreifbare Freiheit erschliesst sich dem Menschen nur
Kraft seiner Existenz, d.h. nur durch den Vollzug der Möglichkeiten eigentlichen
Selbstseins. Gewahr wird er sich dieses abstrakten Freiraumes in seinem grundsätzlich zweckgebundenen Dasein durch die unausweichliche Konfrontation mit
Tod, Leiden, Kampf und Schuld, den unausweichlichen existentiellen Konditio-
nalien seines Lebens. Eine Grenzsituation bedeutet für den Menschen somit
Chance und Risiko gleichzeitig. Seine Chance liegt in der möglichen Überwin-
dung eines bloss biologisch kausal fundierten Daseins, die damit als unbedingte
Handlung durch Existenz auf Transzendenz, in ein allgemein göttliches Sein
verweist. Freiheit wird so für Jaspers existentielle Freiheit in unmittelbarer
Transzendenz, als etwas lebenslang Prozesshaftes, das sich, wenn überhaupt in
einer Form erkennbar, nur in Geheimzeichen offenbart.

Die in einer Grenzsituation unausweichlich gewordene Lebenskrise mit ihren
Gefühlen der Sinnlosigkeit und Verlassenheit, kann der Mensch laut Jaspers nur
durch Verdrängen, Aushalten oder durch Überschreiten (Transzendieren), im gegebenen Extremfall durch einen Selbstmord überwinden. Durch den gezielten
Gebrauch des Terminus Selbstmord unterstreicht Jaspers explizit die ultimative
und freiheitvernichtende Selbst-Handlung, nämlich durch einen Mord an sich
selber, was die irreversible Zerstörung des ganzen Lebens und all seiner Möglichkeiten schlechthin bedeutet. Einschränkend muss vermerkt werden, dass dies
nur im Fall einer unbedingten Handlung zutrifft, die aber für den Aussenstehenden niemals als solche erkannt werden kann, bleibt diese konstitutiv undurchschaubar. Als Psychiater *und* Philosoph nähert sich damit Jaspers dem Selbstmord auf eine vorsichtige und respektzollende Art und Weise, stets auf der Hut,
dem Phänomen Selbstmord nicht durch eine Komplexitätsreduktion ungerecht
zu werden. Mit seiner spezifisch existentialistischen Begrifflichkeit von Existenz
und Transzendenz versucht er das genuin und kontingent Menschliche vor einer
einseitig wissenschaftlichen Vereinnahme abzugrenzen und zu schützen, einer
letztlich unverständlichen Handlung so ihre eigene existentielle Wahrheit ein-

räumend. Jaspers verweist damit auf die gegebenen Grenzen der Suizidologie, die als empirische Wissenschaft dem Kausalitätsgesetz und damit der Ursachensuche, sprich Motivsuche verhaftet bleibt. Ein Selbstmord ist für seine Begriffe nie in einem nosologischen Sinne, als Symptom einer organischen oder seelischen Krankheit verständlich, lässt sich, philosophisch ausgedrückt, nicht naturalisieren. Mit anderen Worten, Jaspers verortet für sein Verständnis den Selbstmord jenseits der Grenze einer gemeinhin verständlichen Pathologisierbarkeit. Tieferen Beweggründen ohnehin misstrauend, verwirft und distanziert er sich im Falle einer unbedingten Handlung vor wissenschaftlichen Erklärungen, weil der Selbstmord als Ausdruck individueller Freiheit aus Existenz und auf Transzendenz verweisend vollzogen wird. Nur als Mensch um die radikale Möglichkeit des Selbstmordes wissend, gehört er als Handlung in einer Grenzsituation in die Sphäre seiner Freiheit, die auch eine negierende Freiheit beinhaltet, wenn auch Jaspers dieser Erfüllung im Nichts kritisch begegnet, weil missverständlich und potenziell destruktiv. Doch Jaspers bleibt stets Wissenschaftler *und* Arzt genug, um die Errungenschaften der modernen Suizidologie und ihre Bedeutung für die Suizidprävention keinesfalls zu missachten und zu unterschätzen. Der Arzt soll nach Möglichkeit immer helfen. Bei einer Selbstmordhandlung aus Unbedingtheit stösst er aber als professioneller Helfer an seine Grenzen, da dieser aus einer dem Arzt gegeben unzugänglichen Weise geschieht. In dieser Situation ist für Jaspers eine Rettung nur bei gelingender Kommunikation zweier Individuen in der gleichen Grenzsituation möglich, dies Kraft gegenseitigen existentiellen Antworten in einem Akt radikaler Liebe, wie er schreibt. Aus der Perspektive des Begriffes des Unbedingten, als eine das Dasein überschreitende Handlung, erscheint hingegen Jaspers Versuch problematisch, wenn nicht gar paradox, den Akt der Selbstvernichtung des Selbstmörders letztlich als Ausdruck verweigernder Sinnlosigkeit seines Lebens zu deuten, bleibt sie doch als existentielle Handlung in der Grenzsituation in ihrer Intention definitorisch explizit undurchschaubar.

Zusammenfassend gewährt Jaspers in einer zu bestehenden Grenzsituation seines Lebens dem Menschen die Selbsttötung als Ausgang eines Prozesses der existentiellen Selbstbesinnung und negierenden Freiheit. Diese, im Lichte seiner Existentialphilosophie betrachtet unbedingte Handlung der totalen Selbstvernichtung der Deutungshoheit der empirischen Wissenschaften entziehend, verortet er den Selbstmord, wenn auch letztlich mit einem existentiellen Schaudern, in einem Raum jenseits der Pathologisierbarkeit und kausaler Erklärungen.

Kommt im Diskurs um den Selbstmord in der Philosophie Karl Jaspers dem Begriff der Freiheit noch eine tragende, zentrale Bedeutung zu, so kommt **Albert Camus** ganz zum gegenteiligen Schluss. In Anbetracht der Absurdität des menschlichen Lebens ist für Camus die postulierte Freiheit illusorisch und nichtig. Auch die Freiheit ist absurd. Die Freiheit des Menschen als Chimäre einmal durchschaut, kann jetzt Camus ein Abmühen an ihrer Begrifflichkeit getrost vernachlässigen und die für ihn gegebene Unfreiheit ganz bejahen. In Camus Philosophie steht somit der Begriff des Absurden, der für die Undurchdringlichkeit und Sinnlosigkeit der Welt schlechthin steht, im Mittelpunkt seiner Reflexion zum Selbstmord. In einer ersten Wahrnehmung der gegebenen Absurdität der menschlichen Existenz drängt sich für Camus somit *die* Grundfrage der Philosophie auf, wie er sie explizit benennt, ob das Leben die ganze Mühe wert ist, gelebt zu werden. Die Frage nach dem Selbstmord ist für Camus somit eng mit der epistemologischen Frage nach dem Sinn und Wert des menschlichen Lebens verschränkt. Camus unterscheidet ein Gefühl und einen Begriff des Absurden, der sich aus der tagtäglichen, frustrierenden Konfrontation mit den Phänomenen des Absurden ausdifferenziert und letztlich zum Lebensüberdruss führt. Einmal erkannt, dass der Selbstmord nur den Menschen, nicht aber das Absurde an sich aus der Welt schafft, verwirft Camus diesen als Lösung kategorisch. Angetrieben von einer unstillbaren Sehnsucht, die Welt auf die seinem Fühlen und Denken angemessene Weise zu erkennen, scheitert er und postuliert, dass die Welt ohne Sinn und Vernunft, das Leben absurd und hoffnungslos ist. Denkerisch in einer Sackgasse steckend hält Camus Ausschau nach einer Möglichkeit der Abschaffung des Absurden und sichtet systematisch und kritisch Wissenschaften und Philosophien. Er stellt fest, dass die Wissenschaften wohl die Welt und das Universum naturwissenschaftlich erklären, doch wird er als Mensch damit nicht satt. Camus verlangt es nach viel mehr, nämlich nach dem vermisst genuin Menschlichen in ihnen. Auch der Rückblick auf die Philosophiegeschichte bringt ihn nicht weiter, bieten gemäss seinem Urteil die Erkenntnisse der Philosophien nur Notausgänge durch ihre Hintertreppen an. So verwirft er aus Gründen der intellektuellen Redlichkeit die Angebote von Transzendenz und Trostmetaphysik, wie er kritisch die Philosophien von Jaspers und Husserl bezeichnet. Auch ein Sprung von der Königsstrasse der Vernunft in einen rettenden Gottesglauben nach Vorbild Kierkegaards, in ein, wie auch immer gestaltetes Jenseits zur Befriedigung der Sehnsucht, ist für Camus nicht akzeptabel. Aus prinzipiellen Gründen ist der Verstand für Camus nicht hintergehbar und bildet das Fanal seiner Orientierung. Er will wissen, nicht getröstet werden. Alles Andere wäre für Camus eine Bankrotterklärung, philosophischer Selbstmord. Einen Ausweg aus

dieser Sackgasse erkennt Camus nun darin, dass er das Absurde nicht mehr ver-
leugnet, sich aber damit nicht abfinden will. Von dieser neu gewonnenen Perspektive des Widerstandes aus gesehen, bekommt das Absurde jetzt plötzlich
einen Sinn. Camus entscheidet sich für die Revolte gegen das Absurde und gegen den Selbstmord. Beute seiner Erkenntnis bleibt er so mit dem Absurden
hoffnungslos, aber nicht verzweifelt, für immer verbunden. Nach Ablehnung des
Selbstmordes und der für ihn inakzeptablen Angebote der Philosophie, erkennt
Camus in der Revolte die gültige dritte Antwort. Sein Vorbild und Held wird nun
Sisyphos, der im Verharren in seiner absurden Aufgabe seiner Menschenwürde
nicht verlustig geht. Nichtsdestotrotz erkennt Camus im Tod eine den Menschen
konditionierende Wahrheit. Der Tod wird so für Camus Begriffe zur unausweichbaren letzten Absurdität schlechthin. Wenn er schon sein Bedürfnis nach
Harmonie, seine Unversöhnbarkeit mit der Welt aufgeben muss, so will er we-
nigstens die Lebenszeit maximal auskosten und den Stachel des Absurden in
seinem Dasein lindern. Programmatisch wird das Sein auf der Welt zur reinen
Immanenzhaltung erklärt, und Camus wendet sich mit einem leidenschaftlichen
Verlangen der Zukunft zu. Ist das Leben sinnlos, so ist es auch bar einer Wert-
skala. Es geht also nur darum, das Leben aus quantitativer Sicht auszukosten,
d.h., es gilt so lange und so intensiv wie möglich zu Leben. Das ist aber nur
möglich, wenn man keinen Selbstmord begeht, so Camus Haltung.

Als möglicher Ansatz für eine Kritik an Camus Position möchte ich Folgendes
bemerken: Kraft der gegebenen Absurdität spricht Camus dem Leben jeden Sinn
ab. Ich frage mich, inwieweit der Mensch Camus Aufruf nach Widerstand folgend, durch seine ewige Revolte gegen das Absurde letztlich nicht nur ein wür-
devolles, sondern auch ein sinnvolles Leben führt. So gesehen schafft Camus
Aufruf zur Trotzhaltung gegen das Absurde einen Sinn und man muss sich fragen, inwieweit Camus seine These der Sinnlosigkeit des Lebens nicht mit einem
Paradox zu lösen versucht. Anders ausgedrückt sagt Camus eigentlich, dass das
Leben sinnlos ist, solange man ihm keinen Sinn gibt.

Gesteht Karl Jaspers dem Menschen den Suizid nur in einem Raum existenzieller Freiheit und Selbstbesinnung zu, so ist für Albert Camus jeder Freiheitsge-
danken illusorisch und der Suizid als Antwort auf die Absurdität der menschlichen Existenz grundsätzlich verwerflich. Wenn auch auf begrifflichen Gemein-
samkeiten aufbauend, kommt **Jean Améry** in seinem radikalen Diskurs über den
Freitod zu ganz anderen Konklusionen. Für die konkrete Handlung des ‚Hand an
sich legen‘ den Terminus Freitod favorisierend, unterstreicht Améry die absolut
zentrale Rolle des Freiheitsbegriffes in seinem Diskurs. Obwohl Améry den

Menschen als engagiertes Mitglied einer Gesellschaft anerkennt, spricht er ihm als Individuum eine radikale Form der Freiheit zu. Sein Nein zum Leben ist aber niemals ein Nein zur Gesellschaft, sondern ein Nein zu seinen unzumutbaren Lebensumständen. Für Amérys Freiheitsbegriff geht das Individuum grundsätzlich immer fragwürdige Kompromisse mit Gesellschaft und Mitmenschen ein, denen er sich radikal, durch seinen Freitod eben, jederzeit entziehen kann. Sich seiner extrem widrigen, körperlichen und räumlichen Umständen im Konzentrationslager zurück erinnernd, versucht er einen naturalisierten Begriff der Freiheit zu entwickeln, der jetzt in einem naturgesetzlichen Sinne verstanden, für den Menschen determinierend wird. In anderen Worten, die in einem absoluten Sinn verstandene Freiheit ist dem Menschen mit seiner Geburt gegeben. Mit diesem Schritt entreisst Améry den Freitod aus den Fängen jeder konditionierenden, gesellschaftlichen Moral und verortet ihn in einem Raum grundsätzlicher Unanfechtbarkeit. So betrachtet erscheint Amérys These, dass der Freitod philosophisch nicht zu verteidigen ist, unter einem neuen Licht und gewinnt an Plausibilität. Nur konsequent erscheint auch Amérys Kritik an den Interessen der Gesellschaft und ihrer sinnstiftenden Institutionen (Kirchen), denen er beim individuellen Entscheid zum Freitod jede Einmischung verbietet. Selbst die Wissenschaften werden kritisiert, versuchen sie doch den Freitod zu pathologisieren und für ihre Interessen Kapital daraus zu schlagen, d.h., durch fragliches Diagnostizieren von therapiebedürftigen Ursachen den potentiellen Freitodkandidaten von seinem Vorhaben zu heilen. Sterben, auf welche Art und Weise auch immer, ist für Améry immer ein natürliches Sterben, so auch der Freitod. Mit seinem Einheitsbegriff des Todes versucht Améry wiederum den Freitod von jedem Diskurs um die Berechtigung des Menschen zu diesem Schritt fern zu halten. Améry, könnte man sagen, versucht den Freitod jenseits von jeder Moral, jenseits von Gut und Böse, zu verorten. Der Mensch kann, aber er muss nicht leben, ist seine Überzeugung. Nebst seinem absolut verstandenen Freiheitsbegriff und neutralen Todesbegriff, liegt Améry mit Einschränkungen aber fern davor, das Leben als Unzumutbarkeit schlechthin zu begreifen. Im banalen Bewusstsein um die natürlich gegebene Sterblichkeit ist es für ihn nur eine Frage der Lebensdauer, bis jedem Menschen sein Scheitern widerfährt. Versteht Améry darunter den échec *des* Lebens, empfindet er den échec *im* Leben als ungleich gravierendere Erfahrung, steht sie doch für alle im Leben wiederfahrenden Zumutungen. Sind letztlich seine Würde und sein Menschsein unzumutbar beschädigt, gewährt ihm Améry bedingungslos den Freitod. Nicht blind gegenüber der natürlich gegebenen Vitalität, die Lebenslogik, postuliert Améry eine Todeslogik, die an Jaspers unbedingte Handlungen erinnernd, begrifflich nicht hinreichend fassbar ist und, begleitet von Gefühlen der Ambivalenz, zum Absprung in den Freitod führen kann.

Wo Camus eindringlich zur heroischen Haltung aufruft, erkennt Jaspers in der existenziell kritischen Lage einer unbedingten, potentiell zum Selbstmord führenden Handlung, als rettende Möglichkeit das Gelingen einer zwischenmenschlichen kommunikativen Öffnung in Liebe. Améry schliesst eine Rettung in extremis kategorisch aus. Seine Skepsis geht soweit, selbst zwischenmenschlichen Liebesbeziehungen eine Errettung vor dem Freitod grundsätzlich abzusprechen, ist der seiner Todeslogik folgende Suizidant in seiner existenziellen Einsamkeit letzten Endes nur sich selber überantwortet. Hierzu muss vermerkt werden, dass Amérys radikale Innenperspektive des Suizidanten, diesen in seinen Abstrakta von Absurdität, Freiheit und Moralität dermassen hermetisch und unkritisch überhöht, ohne jede Rücksichtnahme auf das gegebene Leben des einzelnen Individuums.

7 ZUSAMMENFASSUNG UND AUSBLICK AUF DIE ÄRZTLICHE PRAXIS

Überblickt man in einer historischen Rückschau die Problematik um den Suizid von der Antike bis in die unmittelbare Gegenwart, so stellt man fest, dass zu allen Zeiten die Handlung der Selbsttötung ein philosophisch kontrovers debattiertes Thema war und geblieben ist. Selbst in unserer als aufgeklärt und liberal geltenden westlichen Gesellschaft hat die Problematik um den Suizid nach fast drei Jahrtausenden Kulturgeschichte nichts von seiner Virulenz eingebüsst. Als aktuelles Beispiel sei die Sterbehilfe im Sinne eines begleiteten Suizides erwähnt, eine in unserer stark überalterten Gesellschaft zunehmend eingeforderten Dienstleistung, die trotz toleranter Gesetzgebung den öffentlichen Diskurs in zwei unversöhnliche Lager spaltet. Als grosse Themen der Philosophie haben der Tod und speziell der Suizid als eine umstrittene Handlung, wie wohl wenige andere Themen Denker und öffentliche Moral beschäftigt, sind sie doch untrennbar und gemeinhin mit der Thematik des Lebens und der Freiheit verschränkt. Ihre existenzielle Bedeutsamkeit ist für unsere Lebensführung somit bestens belegt und unbestritten, ist doch der uns allen bevorstehende eigene Tod und der erlebte Tod anderer Menschen ein äusserst wichtiger Bestandteil unseres menschlichen Lebens. Unausweichlich damit verknüpft ist die Frage - wie möchte ich sterben? - mit all ihren kontrovers diskutierten Antworten, wie jene des Suizids, deren Konfliktpotential letztlich im unterschiedlich aufgefassten Verständnis der menschlichen Freiheit verwurzelt scheint.

Mit seiner Forderung, dass der Mensch seine von den Göttern vorgegebene Stellung im Leben aushalten müsse, denn es ist ihr Wille, wie es dem Menschen auf Erden geschieht, stellt sich Plato vor fast 2500 Jahren an die Spitze derjenigen, die gegen die moralische Erlaubtheit des Selbstmordes argumentieren. Obskur auf mythische Geheimlehren verweisend, ist auch für seinen Lehrer Sokrates der Mensch nicht frei, um über sein Leben zu verfügen und ist ein Sklave des Willens der Götter. Auch Aristoteles spricht sich gegen die Selbsttötung aus, wenngleich er mit seiner legalistischen Position utilitaristisch säkular argumentiert und den Suizid als Unrecht gegenüber der Gesellschaft und ihren Interessen verurteilt. Ein Gegengewicht bilden die Anhänger der philosophischen Schule der Stoa. Als Anwälte einer Lebensanschauung mit Focus auf den richtigen Lebensvollzug, billigen sie dem Menschen das Recht und die Freiheit zum Suizid zu, ihre Argumente auf ihre Güterlehre abstützend, einer vielschichtigen Wertetafel des Lebens, an deren Spitze die denkende Vernunft und an deren Ende das Leben, Krankheit und Tod figurieren. Über tausend Jahre, während des ganzen Mittelalters beherrschte die zum kulturellen und moralischen Rückgrat der westlichen Welt aufgestiegene christliche Religion den Diskurs um den Suizid, den sie strikte ablehnte. Ihr früher Vertreter Augustinus baute auf den Argumenten der Antike, konnte er sich doch nicht auf ein explizit biblisches Suizidverbot berufen. Die interessante Frage, inwieweit das seinerzeit im Urchristentum weit verbreitete Märtyrertum ihn zur Ächtung des Suizids veranlasste, muss hier offen gelassen werden. Tatsache ist, dass sein resolutes Suizidverbot bis in die Moderne nachwirkte. Dasselbe kann für das Suizidverbot von Thomas von Aquin gesagt werden, der die Selbsttötung in dreifachem Sinne als Verbrechen ablehnt: naturrechtlich als Verbrechen gegen sich selbst, sozialethisch als Verbrechen gegen die Gesellschaft und theologisch, bzw. metaphysisch als Verbrechen gegen Gott. Mit seiner dreifachen Argumentation scheint er jeden zukünftig denkbaren Weg für eine tolerantere Einstellung zum Suizid versperrt und diesen als freien Entscheid des Menschen als Anmassung und Hybris endgültig disqualifiziert zu haben. Erst die Epoche der Aufklärung wagte sich wieder zu einer Revision der Argumente gegen den Suizid. Nicht gegen Gott, aber für den Menschen argumentierend, indem er alle Taten des Menschen in einem gewissen Sinn als Handlungen des Allmächtigen bezeichnet, lässt Hume den Menschen frei in seiner Entscheidung. Als Gabe der göttlichen Natur auf dem gesunden Menschenverstand und dem Selbsterhaltungstrieb aufbauend, gesteht er dem Menschen in einer unerträglichen Lebenslage den Suizid zu, da er diesen erfahrungsgemäss nur in einer Extremlage ausübe und mit seiner Handlung sich selber und die Gesellschaft entlaste. Seiner optimistischen Anthropologie und Perspektive einer geregelten kosmischen Welt vertrauend, kann er im Suizid keine Betriebsstörung eines ewigen Kreislaufes erkennen. Als Fanal der kontinentaleuropäischen Aufklärung distanziert sich Kant von jeder persönlichen Rechtfertigung des Suizides, indem er auf die umstrittene Prämisse setzt, dass der Mensch aus Gründen der reinen Vernunft sein Leben erhalten müsse. Sich auf eine Version des kategorischen Imperativs berufend, verpflichtet er den Menschen nur immer Zweck und niemals Mittel seiner Handlungen zu sein. Im Fall des Suizids würde sich der Mensch in einem Akt der Selbstinstrumentalisation als Mittel zum Zweck missbrauchen, was dem kategorischen Imperativ diametral widerspricht. Die Pflicht gegen sich selbst ist für Kant nicht mit dem Suizid vereinbar, denn damit verletzen wir unsere Pflicht uns gegenüber als Subjekt unserer Moral. Mit Schopenhauer und Nietzsche treten zwei Denker in Erscheinung, die neue Argumente für den Suizid beitragen. Schopenhauers anthropologische Argumentation zielt dahin, dass sie im Suizidanten einen Menschen erkennt, der nicht das Leben schlechthin vernichten will, sondern über seine unglücklichen Lebensumstände verzweifelt. Dennoch und mit allem Verständnis für den einzelnen Menschen, verweist er auf die Vergeblichkeit des Suizides, den er im Lichte seiner Philosophie als Scheinlösung entlarvt, zielt doch seine Lebensanschauung letztlich auf die Willensverneinung, dem Denken und Bewusstsein des Menschen untergeordnet sind. Im Zuge seiner Kritik der gesamten europäischen Kultur entlässt Nietzsche den Menschen aus allen metaphysischen und gesellschaftlichen Zwängen, indem er ihn provokatorisch auffordert, zur rechten Zeit zu sterben. Darin erkennt Nietzsche einen Sieg der Vernunft. Bedenklich seine neue Sichtweise des kranken Menschen, den er wider jeder Tradition und losgelöst vom vorherrschenden Gebot der christlichen Nächstenliebe als gesellschaftlichen Parasiten bezeichnet und ihm in ihrem Interesse, den heroischen Suizid nahelegt. Dies tut er nicht, ohne ihn daran zu erinnern, dass er mit diesem zweifelhaften Akt des Stolzes nicht zum Opfer seines kranken Körpers und der ihn behandelnden Ärzte wird. In einer kulturgeschichtlich radikalen moralischen Perspektivenumkehr fordert Nietzsche die Ärzte auf, ihre Aufgabe primär im Dienste und Interesse einer Gesellschaftshygiene und nicht zum Wohle des Patienten wahrzunehmen. Damit wird in ihrer möglichen und missbräuchlichen praktischen Konsequenz eines der traurigsten Kapitel der jüngsten europäischen Geschichte in Erinnerung gerufen (Mitscherlich 2012).

Auch die in meiner Arbeit speziell untersuchten existentialistischen Philosophien des 20. Jahrhunderts (Jaspers, Camus, Améry) münden in ihrer Haltung gegenüber dem Phänomen Suizid in den bekannten kontroversen Positionen. Das bemerkenswert Moderne an den Positionen von Jaspers, Camus und Améry zielt aber dahin, dass sie den Suizid von einem rein philosophischen Standpunkt aus betrachtend, vor einem totalen Zugriff einer aufstrebenden empirischen Suizidologie verteidigen und damit dem Vorurteil der Pathologisierbarkeit entreissen. Jaspers tut dies, verkürzt gesagt, indem er dem Menschen einen Raum der existenziellen Selbstbestimmung und Freiheit zugesteht, Améry indem er schlicht jeden Tod, auch den Tod durch Suizid als natürlichen Tod reklamiert und zum Menschenrecht erklärt. Für Camus stellt sich die philosophische Urfrage dann, wenn er in einer als absurd empfundenen Welt danach fragt, ob das Leben unter diesen Umständen noch lebenswert ist. Von ihrer Antwort macht er den Suizid abhängig. Wenn er letztendlich als Lösung den Suizid verwirft, dann nicht weil er das Leben an und für sich als sinnvoll erkennt, sondern weil er dem Problem des Absurden, sich in der verzweifelten Kluft zwischen dem Fragen des Menschen und dem Schweigen der Welt manifestierend, partout nicht ausweichen will. Diese existentielle Spannung muss der Mensch ein Leben lang aushalten und darf ihr nicht durch einen Suizid entfliehen. Das verleiht ihm seine menschliche Würde und gibt seinem Leben einen Sinn.

Wenn ich eine kulturhistorische Zwischenbilanz der Argumente für und wider den Suizid als eine moralisch verwerfliche Tat wagen darf, so kann diese auf einige wenige, sich repetierenden Standartargumente zurückgeführt werden. Uralt das metaphysische Argument, dass der Mensch das von Gott geschenkte Leben nicht eigenwillig vernichten darf. Als Lohn verheisst sie ihm je nach Religion ein wie auch immer geartetes immaterielles Leben nach dem Tod. Weit zurück in die Geistesgeschichte reicht auch die sozialethische Begründung, dass der Mensch als Mitglied einer Gemeinschaft sich seiner Aufgaben und Verantwortung ihr gegenüber nicht durch einen Suizid entziehen darf. Auch das jüngste Argument gegen den Suizid, das den Menschen an seinen Selbsterhaltungstrieb ermahnt, reicht weit in die Geistesgeschichte zurück. Die Argumente für den Suizid konnten all diese Argumente entschärfen und zudem zeigen, dass sich der Suizid sehr wohl in einem ethisch positiven Licht darstellen lässt. So kann ich Decher zustimmen, wenn er die Diskussion um das Für oder das Wider des Suizids, letztendlich immer um die Frage kreisen sieht, ob die Freiheit, die sich in der Handlung der Selbsttötung bekundet, dem Menschen zusteht oder nicht (Decher 1999:190).

Als letzter Gegenstand meiner Arbeit stellt sich die diffizile Frage, inwieweit die aus den Existentialphilosophien von Jaspers, Camus und Améry gewonnen Erkenntnisse zur Suizidproblematik einen Transfer in die ärztliche Praxis erlauben. Oder anders gefragt: Ergeben sich aus den gewonnenen Erkenntnissen mögliche praktische Konsequenzen für die Zusammenarbeit mit suizidalen Patienten? Mit dieser Fragestellung drängt sich prinzipiell die Frage auf, inwieweit Erkenntnisse aus der Philosophie grundsätzlich in eine Praxis, d.h. in ein Handeln umgemünzt werden können. Für meine Begriffe muss sich diese Frage erkenntnistheoretisch auf das Verständnis der Disziplin Philosophie schlechthin abstützen, will man eine potentielle Brücke zwischen der empirischen Wissenschaft Medizin und der nicht empirischen Disziplin Philosophie erwägen. Anders gefragt: Gibt es einen gemeinsamen Angelpunkt zwischen Medizin und Philosophie, der einen fruchtbaren gegenseitigen Erkenntnistransfer erlaubt, bzw. plausibel erscheinen lässt?

Der mögliche Nutzen und die Geltung der Beantwortung dieser Frage wurzelt also primär im heute gegebenen Verständnis der akademischen Disziplin Philosophie. Ist das Ziel, die Aufgabe der medizinischen Wissenschaften grundsätzlich gegeben, so kann das nicht gemeinhin für die Philosophie vorausgesetzt werden. Mit der Emanzipation der einzelnen Wissenschaften ist die Philosophie als Hort der Aufklärung bekanntlich problematisch geworden und unter Rechtfertigungsdruck geraten. Im profunden Bewusstsein dieser Problematik betrachtet es der Philosoph Kurt Salamun in seinem Thesenpapier als „eine genuine Aufgabe der Philosophie, permanent über ihre Aufgaben und Ziele nachzudenken", dies im Sinne einer „Meta-Reflexion über Denkbemühungen" (Salamun 199:355-369). Er vertritt in ihm die grundsätzliche Ansicht, dass der Philosophie heute primär „konstruktive und kritische Aufgaben" zukommen, was hier nicht weiter vertieft werden kann. Mit Fokus auf meine Fragestellung sei jedoch hervorgehoben, dass Salamun unter den konstruktiven Aufgaben der Philosophie u.a. die „Rekonstruktion von Idealen des wahren Menschseins aus der Geschichte der Philosophie" und das „Anbieten von undogmatischen Sinn- und Glückskonzepten" erwähnt, denen er als positive Funktion die „Entlastung vom Druck der Realität in Leidsituationen" im Leben zuschreibt (Salamun 1999:355).

Mit Rekurs auf Salamuns These einer kritischen und konstruktiven Aufgabe der Philosophie scheint mir ein attraktiver Denkansatz vorgegeben, die existentialistischen Philosophien von Jaspers, Camus und Améry für meine Fragestellung fruchtbar zu machen. Konkret ausgedrückt sollen sie daraufhin geprüft werden, ob und inwieweit die von ihnen vertretenen Orientierungs- und Sinnidealen für den gegebenen Fall eines suizidalen Patienten wegweisendes Potential für die ärztliche Praxis zukommt.

Prüft man Amèrys Essay *Hand an sich legen. Diskurs über den Freitod* (Améry 2005) nach seinen Idealen des wahren Menschseins und den darin vertretenen Sinnidealen, wird man auf den ersten Blick etwas ratlos und irritiert. In Amérys Freitoddiskurs, im Bewusstsein, dass schlussendlich nur wenige Menschen in ihrem Leben den Ausweg des Suizids wählen, zielt sein radikales Plädoyer darauf hin, den Suizid als Inbegriff der Freiheit des Menschen zu glorifizieren. Darum auch seine konsequente Wahl des programmatischen Begriffes Freitod für die Handlung der Selbsttötung. Amérys Nihilismus geht soweit, dass er im gegebenen Einzelfall das Leben schlechthin als eine Zumutung apostrophiert und es darum auch nicht überrascht, dass er selbst den Suizidtod als einen natürlichen Tod bezeichnet. Aufbauend auf seinem Kredo, dass der Mensch leben kann, aber nicht leben muss, kürt er den Suizid zur legitimen Möglichkeit menschlichen Seins. Das Leben und der Tod werden als gleichwertig beurteilt. Vertritt Améry einen kompromisslos radikalen, ja dogmatischen Freiheitsbegriff, so gilt dies auch für seinen Begriff von Humanität, Würde und Selbstbestimmung, die in ihrer Abstraktheit im klinischen Alltag an Grenzen stossen. Auf die ärztliche Praxis in der konkreten Konfrontation mit dem suizidalen Patienten heruntergebrochen, kann mit Vorsicht die Zwischenbilanz gezogen werden, dass Amérys Haltung zum Freitod durchaus moralische Geltung zukommt und auch in ihrer Radikalität respektiert werden muss, sind doch absolut gültige ethische Massstäbe hier kaum zu verteidigen. Aus Amérys existentialistischer Perspektive betrachtet wird der Arzt jedoch genötigt, den Wunsch seines suizidalen Patienten als Ausdruck seines krassen Verständnisses von Freiheit, Würde und Selbstbestimmung tatenlos hinzunehmen. In der verfochtenen Absolutheit und gegebenen Asymmetrie der Werte birgt Amérys philosophischer Standpunkt jedoch reichlich Konfliktpotential, ist die ärztliche Profession doch primär dem Erhalt des Lebens und nicht dem Tod verpflichtet. Als Sinnideal ex negativo lässt Amérys Diskurs über den Freitod in der Arzt-Patient-Beziehung praktisch keinen therapeutischen Ansatz zu. Es bleibe in diesem Zusammenhang jedoch nicht unerwähnt, dass sich Amérys Suizidant in seinem existentiellen Selbstverständnis wohl kaum jemals als Patient versteht. Konsequent zu Ende gedacht heisst das, dass er auch keiner ärztlichen Hilfe bedarf. Amérys Suizidant kann und darf aus ärztlicher Sicht nicht mehr geholfen werden.

Verschliesst sich Amérys Diskurs über den Freitod widerborstig und hermetisch gegenüber jeder ärztlichen Hilfeleistung, geht Camus in seiner existentialistischen Philosophie ganz neue Wege, der Lebenspraxis ungleich konstruktivere Möglichkeiten eröffnend. Im Vergleich zu Améry wirkt Camus Existenzphilosophie mit ihrem Angebot eines weltanschaulichen Sinn- und Orientierungsideals geradezu wie eine praktische Anleitung zum idealen Menschsein. Mit der Figur des Sisyphos bietet sie eine ausnehmend idealtypische Identifikationsfigur gegen das Sinnlose der Welt und der menschlichen Existenz in Form der permanenten Revolte an.

Solange die individuelle Lebensführung nicht fragwürdig und als bedrohlich empfunden wird, z.B. beim plötzlichen Auftreten einer schweren Krankheit, stellt sich die Frage nach dem Sinn des Lebens in der Regel nicht. Bedeutet die Erfahrung einer existenzbedrohlichen Erkrankung oft der Beginn einer tiefen Sinn- und Lebenskrise, die im Extremfall in suizidalen Absichten einmündet, kann sie auf eine dialektische Weise wiederum zur Sinnfindung und zur Überwindung der suizidalen Krise beitragen. Ihre Chance liegt in einer konstruktiven Meta-Reflexion des bisherigen Lebenssinnes. Der Arzt kann im solidarischen Dialog mit dem Patienten nützlich dazu beitragen, dass dieser im aktiven Aufsichnehmen und Aushalten der Krankheit einen neuen Lebenssinn erkennt und folglich in einem neu gewonnenen Gleichgewicht mit seiner Krankheit zu leben lernt. Mit anderen Worten geht es darum, ohne sich gegenseitig etwas vorzumachen, bzw. ohne von ärztlicher Seite Illusionen zu schüren, in der Krankheit eine neue Herausforderung im Leben zu erkennen und mit ihrer Behandlung konstruktiv zu einer neuen Sinnfindung beizutragen. Da Camus Philosophie quasi den Krankheitsrückfall mit einbezieht, Sisyphos Stein rollt immer wieder den Berg hinunter, sind Arzt und Patient vorgewarnt und können diesem soweit möglich sinnvoll vorbeugen, sodass nicht gleich die nächste Sinnkrise droht. Diese Erkenntnis kann dann letztlich auch aktiv dazu beitragen, dass das von der Krankheit ramponierte und bedrohte menschliche Leben mit seiner gegebenen Lebenszeit ganz nach Camus Empfehlung, so intensiv und so lange wie möglich gelebt und genossen werden kann.

Zusammengefasst stellt die radikal lebensbejahende Philosophie Camus in Form der ständigen Sinnsuche, der heroischen Revolte der Weggefährten Arzt und Patient gegen eine lebensbedrohende Krankheit, ein Sinnideal für die Praxis im klinischen Alltag dar. Ein weiterer Vorzug und das Zeitgemässe an Camus Philosophie scheint mir auch darin zu liegen, dass ganz jenseits der Tröstungen religiöser und sektiererischer Angebote aufbauend, seine weltanschaulichen Sinnangebote in unserer von Säkularismus und Individualismus geprägten westlichen Gesellschaften, dem Bedürfnis einer breiteren Öffentlichkeit entsprechen dürften.

Unter dem Gesichtspunkt meiner Fragestellung stellt sich nun auch für die Philosophie von Karl Jaspers die Frage nach den von ihr vertretenen Sinnidealen, denen in der ärztlichen Praxis möglicherweise praktische Bedeutung zukommt. Dieser Frage nachgehend, erkennt Salamun in Karl Jaspers existenzphilosophischem Denken zwei Konzeptionen existenzieller Selbstverwirklichung, „die geeignet sind, auf persönliche Sinnfragen eine befriedigende Antwort zu geben" (Salamun 2009:357). Gemeint ist erstens die von Jaspers vertretene Konzeption der existentiellen Selbstverwirklichung in der Auseinandersetzung mit den in jedem menschlichen Leben unvermeidbaren Grenzsituationen (Tod, Leiden, Kampf, Schuld, Zufall), zweitens die von Jaspers propagierte Konzeption der Selbstverwirklichung des wahren Selbstseins in der zwischenmenschlichen Kommunikation (vgl. Salamun 2009:357). Wenn Jaspers das Menschsein auf vier Verwirklichungsdimensionen abstützt, deren ersten drei der wissenschaftlichen Erforschung zugänglich sind („Dasein", „Bewusstsein", „Geist bzw. Vernunftvermögen"), bilden sie die Voraussetzung für die vierte Seinsweise, nämlich für die „Existenz, bzw. das eigentliche Selbstsein", das wiederum nur durch existentielle menschliche Kommunikation verwirklicht wird, zu der er auch das Arzt-Patient-Verhältnis zählt (vgl. Salamun 2009:150-151). Prüft man diese beiden Sinnideale nach ihrer Umsetzbarkeit in die ärztliche Praxis, so erkenne ich einen möglichen Ansatz darin, dass der suizidale Patient in der zwischenmenschlichen Kommunikation und durch die professionelle Hilfe des Arztes seine bedrohliche Grenzsituation bewältigt und, im Jasperschen Sinne, eine ihn rettende Existenzerhellung erfährt. Hat der Arzt mit der Abwendung des drohenden Suizids des Patienten sein therapeutisches Ziel erreicht, so bleibt jedoch aus Jaspers Sicht unklar, inwieweit der Erfolg primär den ärztlichen Bemühungen, bzw. dieser Folge einer „unbedingten Handlung", also das Resultat eines Aufschwunges in Existenz ist, der als nichtobjektivierbare Dimension konstitutiv verborgen bleibt (vgl. Jaspers 1973:294). Umgekehrt birgt die dialogische Kommunikation im Falle von Unklarheit des Seinsbewusstseins des Patienten die Gefahr, dass er sich in einer Grenzsituation plötzlich Klarheit schaffend, statt sich dem Leben zuzuwenden, den Suizid vollzieht. Am Schluss seines Kapitels über die „unbedingten Handlungen" erörtert Jaspers die für den Arzt wichtigen Fragen der „existentiellen Haltung in Helfen und Beurteilung" (Jaspers 1973: 1973). Droht ein Selbstmord als eine bedingte, also kausal fassbare Handlung (z.B. schwere Erkrankung, Verstrickung, Psychose), so spricht er sich unmissverständlich für ärztliche Hilfe aus. Für den Selbstmord im Sinne einer Handlung aus Unbedingtheit aber, so Jaspers, ist keine Hilfe möglich, denn "Die Handlung aus Unbedingtheit aber erreicht keine Hilfe" (Jaspers 1973:310).

Auch bei Berücksichtigung der praktischen Bedeutung der drei vorgestellten Existentialphilosophien im Hinblick auf einen Transfer in die ärztliche Praxis muss letztlich festgehalten werden, dass der Arzt aus Gewissensgründen stets frei bleibt, gegenüber dem suizidalen Patienten seinen moralischen Standpunkt zu vertreten und zu respektieren. Voraussetzung bleibt jedoch, dass er durch Wahrnehmung seiner Aufklärungs- und Sorgfaltspflicht und nach Ausschluss einer offensichtlich drohenden Kurzschlusshandlung des Patienten seiner Professionalität umfassend, d.h. nach bestem Wissen und Gewissen genug getan hat.

8 LITERATURVERZEICHNIS

Améry Jean (2005):Werke, Bd.3. Über das Altern. Hand an sich legen, Stuttgart (Klett-Cotta)

Baechler Jean (1981):Tod durch eigene Hand, Frankfurt-Berlin-Wien (Ullstein)

Bormuth Matthias(2008):Suizidales Denken in der Freiheit. Suizidales Denken im 20. Jahrhundert, Göttingen (Wallstein)

Burnham Douglas, Internet Encyclopedia of Philosophy, http//www.iep.utm.edu/existent/print 06.05.2015

Camus Albert (2014):Der Mythos von Sisyphos, 19. Auflage, Reinbek bei Hamburg (Rowohlt)

Decher Friedhelm (1999):Die Signatur der Freiheit. Ethik des Selbstmords in der abendländischen Philosophie, Lüneburg (Klampen)

Dietz Walter (2012):Sören Kierkegaards Auseinandersetzung mit Sterben und Tod, in: Wolfgang Eirund und Joachim Heil (Hg.):Leben und Tod. Internationale Zeitschrift für Philosophie und Psychosomatik, Bad Schwalbach (Erscheint ausschliesslich als E-Journal), 1-11.

Helferich Christoph(1998):Geschichte der Philosophie. Von den Anfänge bis zur Gegenwart und östliches Denken, München (dtv)

Hume David (2000):Die Naturgeschichte der Religion. Über Aberglaube und Schwärmerei. Über die Unsterblichkeit der Seele. Über Selbstmord, Hamburg (Meiner Verlag)

Jaspers Karl (1973) Philosophie II, Existenzerhellung, Berlin (Springer-Verlag)

Jaspers Karl (1953): Einführung in die Philosophie, Zürich (Ex Libris)

Kant Immanuel (2008):Grundlegung zur Metaphysik der Sitten, Stuttgart (Reclam)

Kranz Walther (1955):Die griechische Philosophie, Birsfelden-Basel (Verlag Schibli-Doppler)

Mitscherlich Alexander, Mielke Fred (Hrsg.) (2012):Medizin ohne Menschlichkeit. Dokumente des Nürnberger Ärzteprozesses, Frankfurt am Main (Fischer Taschenbuch Verlag)

Minois Georges (1996):Geschichte des Selbstmords, Düsseldorf/Zürich (Artemis & Winkler)

Nietzsche Friedrich (1999): Also sprach Zarathustra I-IV. KSA Bd.4, München (DTV)

Nietzsche Friedrich (1999):Menschliches, Allzumenschliches. KSA Bd.2, München (DTV)

Nietzsche Friedrich (1999):Der Fall Wagner. Götzen-Dämmerung. Der Antichrist. Ecce homo. Dionysos-Dithyramben. Nietzsche kontra Wagner. KSA Bd.6,München (DTV)

Pieper Annemarie (2000):Sören Kierkegaard, München (Verlag C.H.Beck)

Platon (2004): Phaidon, Sämtliche Werke Band I, Darmstadt (Wissenschaftliche Buchgesellschaft)

Eichhorn Martin (2006):Suizidprävention und Suizidhilfe aus Patientensicht, in: Rehmann-Sutter, Christoph, Alberto Bondolfi, Johannes Fischer & Margrit Leuthold (Hrsg.):Beihilfe zum Suizid in der Schweiz. Beiträge aus Ethik, Recht und Medizin, Bern (Peter Lang), 141-147.

Ritter Joachim, Gründer Karlfried, Gabriel Gottfried (Hrsg.) (1995):Historisches Wörterbuch der Philosophie, Bd.9:Se-Sp, Basel (Schwabe)

Salamun Kurt (2009):Über konstruktive und kritische Aufgaben der Philosophie, in: Salamun Kurt (Hrsg.):Was ist Philosophie, Tübingen (Mohr Siebeck), 355-369.

Salamun Kurt(2009):Sinnideale in der Existenzphilosophie und bei Karl Jaspers, in: Hügli Anton, Dominic Kaegi, Weidmann Bernd (Hrsg.):Existenz und Sinn. Karl Jaspers im Kontext, Heidelberg, (Universitätsverlag WINTER), 135-158.

Sartre Jean Paul (1963):Der Ekel, Reinbek (Rowohlt)

Schopenhauer Arthur (1987): Band I, Die Welt als Wille und Vorstellung, Stuttgart/Frankfurt a. M. (Cotta-Insel)

Schopenhauer Arthur (1987):Band V, Parerga und Paralipomena, Stuttgart, Frankfurt a.M. (Cotta-Insel)

Schweizerische Eidgenossenschaft (2012):Todesursachenstatistik
2009. Sterbehilfe (assistierter Suizid) und Suizid in der Schweiz,
Neuenburg, (Bundesamt für Statistik)

SAMW (2005):Betreuung von Patientinnen und Patienten am Lebensende. Medizinisch-ethische Richtlinien. Schweiz. Ärztezeitung
86(03),172-176.

Sepulcri Flavio (2012):Der Suizid jenseits der Pathologisierbarkeit.
Eine kritische Reflexion im Lichte der existenzialistischen philo-
sophischen Suizidtheorie von Karl Jaspers, Zeritifikatsarbeit zum
CAS Philosophie und Medizin, Universität Luzern

Stoecker Ralf (2006):Philosophische Reflexionen über den Suizid, in:
Vorgänge 2/2006 Nr.175, Berlin (BWV-Verlag),4-23.

Wittwer Héctor (2003): Selbsttötung als philosophisches Problem.
Über die Rationalität und Moralität des Suizids, Padeborn (Men-
tis)

Wittwer Héctor (2009):Philosophie des Todes, Stuttgart (Reclam)